中国第三部门研究

徐家良／主编

CHINA
THIRD SECTOR
RESEARCH

第 十 卷

Vol. 10

社会科学文献出版社
SOCIAL SCIENCES ACADEMIC PRESS (CHINA)

本卷得到浙江敦和慈善基金会的赞助

编委会名单

主　　任　钟　杨

副 主 任　徐家良　刘洲鸿

编　　委（按首字母顺序排列）

陈锦棠　香港理工大学

陈　宪　上海交通大学

程　玉　南都公益基金会

David Horton Smith　美国波士顿学院

丁元竹　国家行政学院

Dwight F. Burlingame　美国印第安纳大学

高丙中　北京大学

顾东辉　复旦大学

官有垣　台湾中正大学

郭　超　美国宾夕法尼亚大学

黄浩明　中国国际民间组织合作促进会

江明修　台湾政治大学

金锦萍　北京大学

敬乂嘉　复旦大学

主编的话

    2015 年下半年，上海交通大学第三部门研究中心在智库建设、科研和社会服务方面做了大量的工作：与韩国研究机构签订合作协议；《加快完善政府购买社会组织服务定价机制》咨询报告得到中央领导批示和《成果要报》刊用；召开《中华人民共和国慈善法（草案）》意见研讨会，就《中华人民共和国慈善法（草案）》向全国人大递交专家意见稿；等等。通过梳理，上海交通大学第三部门研究中心主要做了如下十二件事，在国内与国外的影响力不断扩大。

    第一件事，承办社会组织枢纽型、行业性党建试点工作评估验收会。7月 17 日，2014～2015 年度社会组织枢纽型、行业性党建试点工作评估验收会在上海交通大学徐汇校区新建楼 3003 会议室举行。本次评估验收会的目的在于总结社会组织枢纽型、行业性党建试点工作，交流经验，并为推进下一阶段的工作提供参考。上海交通大学第三部门研究中心通过与党政部门多方合作，收集第一手的研究数据和材料，为理论创新打下了坚实的基础。

    第二件事，与南都公益基金会共同主办社会服务数据分析研讨会。7月 29 日，由南都公益基金会和上海交通大学第三部门研究中心共同主办社会服务数据分析研讨会，我就"GDP 统计研究"课题做了介绍。我们认为，缺乏科学和规范的社会组织 GDP 统计指标体系、基础资料缺口大、重复统计现象严重、管理部门统计协调能力欠缺等导致社会组织的增加值被低估，经济贡献率未得到充分反映。基于此，建议通过加快建立社会组织 GDP 统计指标体系、创建 GDP 核算方法、选取有代表性的城市进行社会组织 GDP 统计的试点等措施推进我国社会组织 GDP 统计工作。

第三件事，参加联合国开发计划署会议。2015 年 8 月 10 ~ 11 日，应联合国开发计划署邀请，我赴泰国曼谷参加 2015 年亚太共创公民空间圆桌会议，共有 60 多位政界、学术界和实务界的代表参加。会议希望联合国开发计划署扮演更重要的角色，充分考虑到亚太地区的国情与区情，借助联合国平台，推动公民社会与政府、企业有机合作，促进社会和谐与可持续发展。

第四件事，研究成果刊登在《成果要报》上。《加快完善政府购买社会组织服务定价机制》研究成果刊登在 9 月 23 日《成果要报》第 75 期上，得到中央领导的批示。这是国家社会科学重大基金项目"全面深化改革下政府购买公共服务制度化研究"的成果第一次被收入《成果要报》，使研究成果服务于政策制定。上海交通大学第三部门研究中心一直致力于智库建设，如今取得了重大突破。

第五件事，廖鸿副局长到上海交通大学第三部门研究中心做讲座。10 月 20 日下午，民政部民间组织管理局廖鸿副局长做客上海交通大学第三部门研究中心，做了题为"新时期社会组织创新发展的几个问题"的讲座。廖鸿副局长对行业协会商会与行政单位脱钩问题、加强社会组织党建问题、《境外非政府组织管理法》（草案二次审议稿）的问题、社会组织培育发展监督管理问题做了深入的分析，对政策出台的来龙去脉做了介绍。

第六件事，与韩国学术机构签订合作协议。10 月 21 日下午，上海交通大学第三部门研究中心与韩国忠清南道政府忠南发展研究院签订合作协议，就第三部门与社会企业进行学术交流，并定期进行互访。

第七件事，结合课程，组织学生参观服务园，倡导理论与实践相结合。10 月 28 日，国际与公共事务学院 2014 级全体本科生和部分硕士、博士研究生前往浦东公益服务园、基金会服务园、塘桥公益服务园和公益一条街进行社会实践调研。本学期，我承担了本科生课程"非政府非营利组织"、硕士生课程"非营利组织研究"、博士生课程"公民社会与第三部门研究"和"现代公共管理理论研究"教学任务，此次社会实践调研，是选择这几门课程的学生的集体活动，是在课堂上学习理论知识和走出课堂学习实践知识的有机结合。通过这次社会实践调研，学生可更深入地了解第三部门的基本情况、运行模式和面临的问题，为学好课程知识打下坚实的基础。

第八件事，邀请印度教授和实务界人士来上海交通大学做讲座。10 月 29 日上午，邀请印度加尔各答大学政治科学学院公共管理系教授普拉波哈特·库玛尔·达塔为上海交通大学师生和金山社会组织做"印度第三部门发展及其特点"的讲座；下午，邀请温州市社会组织管理局副局长蔡建旺介绍温州社会组织发展现状与趋势。

第九件事，承办上海公益伙伴日论坛。10 月 30～31 日，上海交通大学第三部门研究中心分别与上海长三角社会组织发展中心、上海浦江社会组织创新发展研究院合作，共同承办上海公益伙伴日论坛，分别举办"创新发展与区域合作"、"中国（上海）自由贸易试验区与社会组织创新论坛"，收到了较好的社会效果。

第十件事，成功举办《中华人民共和国慈善法（草案）》意见讨论会并向全国人大递交专家意见稿。11 月 18 日，由上海交通大学第三部门研究中心主办的《中华人民共和国慈善法（草案）》意见研论会在上海交通大学老图书馆 108 室成功举办。上海交通大学党委常委、组织部部长顾锋，全国人大内务司法委杜榕及来自全国各地的高校专家学者、实务界人士参加了会议。会后，上海交通大学第三部门研究中心向全国人大法工委提交专家意见稿。

第十一件事，韩国政府代表团访问上海交通大学第三部门研究中心。12 月 3 日，韩国忠清南道政府代表团访问上海交通大学第三部门研究中心。我与中心副主任卢永彬、学院教授王郁、博士后苑莉莉接待了代表团。代表团就忠清南道如何发展的问题与上海交通大学第三部门研究中心人员进行交流。

第十二件事，参加在印度尼西亚万隆召开的国际会议。12 月 9～11 日，我与博士生武静参加在印度尼西亚万隆召开的公共管理国际会议。我们分别宣读了题为"影响初创期社会企业生存与发展的关键要素分析"、"政府购买社会组织公共服务合法性研究"的论文，与国内外的同行进行学术交流。

通过梳理 2015 年下半年的工作可以看出，上海交通大学第三部门研究中心实实在在地做了一些事，在忙碌中度过每一天。

　　本卷共有 5 篇论文。第一篇论文为上海交通大学国际与公共事务学院副教授陈永国和研究生梁喧苡、李建培写的《中国城市治理能力与公共服务质量关系的实证研究》。这篇论文以城市为分析单位，通过实证数据分析城市治理能力和公共服务质量之间的关系，最后得出三个重要的结论：城市公共服务质量与城市治理能力正相关；城市公共服务质量通过影响群体性事件的数量进而影响城市治理能力；公共服务质量、城市治理能力各维度间许多呈正相关关系。第二篇论文为内蒙古工业大学教授、复旦大学在站博士后于春洋与新疆财经大学公共经济与管理学院郭文雅讲师写的《"去中心化"视野中的国家能力体系建设》。随着全球化向纵深发展，民族国家普遍遭遇以族群民族主义浪潮和地方政府治理的兴起为主要标志的"去中心化"挑战。作者认为，"去中心化"挑战尚不足以导致"民族国家终结"，通过国家与社会、国家与市场、国家与国际体系关系的协调来进行国家能力体系建设、重构国家中心话语，是实现民族国家自我完善与发展、应对"去中心化"挑战的重要途径。第三篇论文为上海大学社会学院硕士研究生罗敏闻、上海大学社会学院刘玉照教授写的《社会组织发展与国家权力的运作——基于上海市 XJY 的实证研究》。这篇论文提出了一个非常重要的问题，作为国家与市场之外的"第三部门"，社会组织在发展过程中，国家权力是如何被运作的？社会组织的发展是加强还是削弱了国家权力？论文通过对一个社会组织组建、组织架构、业务运作及工作评估四个方面的考察，得出一个非常重要的结论：社会组织的发展壮大，在一定程度上弥补了国家治理能力的不足。社会组织在获得一定自主性的同时，也在一定程度上缓和了国家与社会之间的对立关系，所以，国家和社会组织的合作，对国家与社会组织来说是一件双赢的事。第四篇论文为上海交通大学国际与公共事务学院郑晓华博士、上海市徐汇区组织部孙新生、上海交通大学国际与公共事务学院博士生邱忠霞写的《开发社会组织党建资源的要素分析——基于上海市 A 区的调查》。开发社会组织的党建资源是基层党组织凝聚社会力量、服务社会的重要内容之一。论文从社会组织党建的组织要素、制度要素、运行机制要素及人员要素等核心要素出发，以上海市 A 区社会组织党建工作为实证案例，分析了社会组织党建影响要素，指出社会组织党建的服务性功能定位、党组织架构的开放性设置、有力的资源制度保障、责任到位分类协同的灵活运行机制以及基层党建排头兵的选拔和培育等是开发社会组织党建资源的有效手段。第五篇论文为上海工程技术大学社会科学学院副教授孙莉莉写《当前公共服务型社会组织参与社会治理的模式》。社会组织是社会治理横向协作机制中重要的组织载体，其能否获得参与社会治理的前提条件，是关乎社会治理体制健全的重大议题。聚焦公共服务型社会组织参与社会治理的模式是剖析社会治理体制的一个切入点。国家对公共服务型社会组织的认同度较高、培育发展公共服务型社会组织的局部政策创新活跃、公共服务型社会组织嵌入社会治理体制的政策安排缺失，在这种制度特征下，公共服务型社会组织形成了参与社会治理的单项协同模式，该模式揭示了当前国家与社会关系在中观层面的状态。

在以上 5 篇论文的基础上，还有书评、访谈录（人物访谈、机构访谈）和域外见闻。

"书评"栏目有一篇文章，由上海交通大学国际与公共事务学院博士生武静以"责任、风险与能力：民营化框架的扩展"为题，对《民营化与PPP 模式——推动政府和社会资本合作》一书做出评论。

该书由美国纽约城市大学 E. S. 萨瓦斯所写。他认为民营化就是"更多依靠民间机构，更少依赖政府来满足公众的需求"，围绕这一论点，作者从民营化的背景、民营化的理论基础、民营化的实践入手对全球范围内的民营化发展进行了全景式描述与分析。作者从服务和物品的分类、服务的提供或安排与服务生产的区分两个方面论述了民营化的理论基础，分析民营化的原因、具体实践形式和实施效果，还对民营化在基础设施、教育和福利领域的实践做了介绍，探讨民营化遇到的阻力与未来发展方向，从而完成了对世界范围内民营化的全景式扫描。萨瓦斯的优势是从政多年，能够结合美国、英国、澳大利亚、日本等十几个国家的实践，提供翔实的数据和材料，得出的结论有说服力，视野是全球性的，突破了一国一地区的界限。作者致力于民营化改革三十多年，推动几十个国家的民营化改革，被誉为"世界民营化大师"，是民营化的鼻祖。

"访谈录"栏目中的"人物访谈"访谈了广州市分类得环境管理有限公司总经理杨静山。我对这个公司和杨经理早有所闻，但一直没有谋面。10月 10 日，在重庆市委党校谢菊教授组织的重庆民安华福社区研讨会上，我与杨经理一见如故。我觉得有必要尽快访谈杨静山，把他传奇般的经历介绍给大家。福建人杨静山在广州做生意 10 多年,后来改变思路,以垃圾"收买佬"的身份投入另一种生活,倡导垃圾分类循环体系。他给新成立的公司取名"分类得"——垃圾分类,人人得益。公司是广州最早实行市场化运作的垃圾分类机构之一。2009 年,广州番禺垃圾焚烧发电项目遭到居民反对,这起公共事件在媒体上引起持续讨论。由此,杨静山的垃圾分类进入公众的视野,垃圾分类概念也为更多的人所认可。

杨经理身上体现的是社会企业家精神。他热爱环保,熟悉商业运作,从不能营利到逐渐营利,反映出社会企业的本质特征。别人还在争论社会企业"是什么"的时候,杨经理已经在思考如何把社会企业做大做强,行胜于言!

"访谈录"栏目中的"机构访谈"介绍了南京雨花翠竹社区互助中心。这个中心以促进社区居民的"相信、参与、承担、互助"为愿景,在社区中开展各项活动,丰富居民生活,培养社区领袖,倡导社区结社,提升居民幸福感,为社区内部各个俱乐部提供一系列服务,成为社区创新的典型。所以,这个中心最明显的特点是扎根社区、服务社区,项目做得有声有色,值得人们学习与借鉴。

"域外见闻"栏目介绍了新西兰社团注册程序。顾明祥在新西兰留学,到上海交通大学攻读公共管理专业学位研究生(MPA),在工作之余,特别关注社会团体的运作与发展,他本人还是新西兰中华青年联合会发起人和常务理事。国内一般对英、美、法、德、日等国家的社会组织介绍较多,但对新西兰的社团了解较少。这篇文章正好补上了这一缺失,使我们对国外的了解面更宽。

上海交通大学文科建设处叶必丰处长、上海交通大学国际与公共事务学院院长钟杨教授、党委书记曹友谊等领导对第三部门研究中心和《中国第三部门研究》给予了很多特殊政策,提供了诸多的便利。感谢浙江敦和慈善基金会刘洲鸿秘书长和杨沅泽的热心支持。与前几期一样,除了约稿外,还有多篇论文投稿,这说明《中国第三部门研究》越来越受到学术界的关注。

感谢社会科学文献出版社谢寿光社长、杨群总编辑的关心,感谢杨桂凤编辑认真负责,用力、用心、尽职!

《中国第三部门研究》将努力为国内外第三部门学术界、实务界和管理机构提供信息交流与平等对话的平台，倡导有自身特色的学术规范，发表创新性的论文，追求对理论的贡献。

我们共行，我们一同成长！

徐家良

2015 年 12 月 20 日

内容提要

    本卷是第三部门研究的专题文集，收录主题论文5篇、书评1篇、访谈录2篇、域外见闻1篇。主题论文部分的内容涉及城市治理能力与公共服务质量关系的实证研究、"去中心化"视野中的国家能力体系建设、社会组织发展与国家权力的运作、开发社会组织党建资源的要素分析、公共服务型社会组织参与社会治理的模式；书评部分对《民营化与PPP模式——推动政府和社会资本合作》一书进行了评述；访谈录部分记录了广州市分类得环境管理有限公司总经理杨静山在垃圾分类处理领域的公益实践活动及南京雨花翠竹社区互助中心的创新实践活动；域外见闻部分介绍了新西兰社会团体的注册程序及相关法律规定。

目　录

主题论文

书　评

访谈录

域外见闻

CONTENTS

INTERVIEWS

INTRODUCTION OF RESEARCH INSTITUTION OVERSEAS

主题论文

ARTICLES

中国城市治理能力与公共服务质量关系的实证研究*

陈永国　梁喧苡　李建培**

摘　要：提高政府治理能力是当前全面深化改革的要务之一。本文以城市为分析单位，通过实证分析探讨城市治理能力和公共服务质量之间的关系，得出有关二者关系的实证结论：第一，城市公共服务质量与城市治理能力正相关；第二，城市公共服务质量通过影响群体性事件的数量进而影响城市治理能力；第三，公共服务质量、城市治理能力各维度间许多呈正相关关系。

关键词：城市治理能力；公共服务质量；实证研究

一　问题的提出

党的十八届三中全会将"推进国家治理体系和治理能力现代化"作为全面深化改革的总目标，而城市治理作为国家治理的重要组成部分，其治理能力是影响国家治理能力提升的关键因素。那么，城市治理能力与公共服务质量二者有何关系呢？我们以城市为分析单位、以网络群体性事件为

---

* 基金项目：国家社会科学基金一般项目"公共政策视阈下的社会道德治理研究"（15BZX111）。

** 陈永国，上海交通大学国际与公共事务学院副教授、硕士生导师，研究方向为治理体系现代化研究，民意、民主与民调研究，E-Mail：ygchen819@ sjtu. edu. cn；梁喧苡，上海交通大学国际与公共事务学院行政管理专业硕士生；李建培，上海交通大学国际与公共事务学院行政管理专业硕士生。

解释变量来验证假设，探讨城市治理能力与公共服务质量之间的关系。

随着世界经济的发展，地方政府的治理结构发生了变化，出现了从管理到治理的转变（Uzun，2010）。Jessop（1998）认为，治理是指协调性的、相互依存的活动的任意模式。Rhodes 就治理概念做了六个方面的阐述，认为治理是组织之间、社会网络成员之间相互依存、持续互动的关系。城市治理是治理理论随着经济和城市的发展，被运用到城市发展和管理的实践与理论中（Rhodes，1996）。城市治理的核心是城市政府向市民社会提供公共行政和公共服务（徐焕，2014）。有学者将城市治理理解为综合、协调公共利益、私人利益的过程（Pierre，1999）。城市治理要求城市政府具有效率、有效性、责任性、透明性，且回应性大大增强（孙宏亮，2006），要求变革城市政府管理方式、其他部门和公民充分参与（踪家峰、郝寿义、黄楠，2001）。城市治理是各级政府、机构、社会组织、个人等多元主体为了实现公共利益，通过多元互动、良性协调，共同管理城市共同事务的诸多方式的总和（顾朝林，2001；罗月领，2013）。

对于政府能力和城市治理能力，不同学者从不同的角度对其进行了界定。G. A. 阿尔蒙德、E. A. 莱昂从政府与外部环境关系的视角出发，认为政府能力是对环境的适应程度，是政府在社会环境中潜在的效力（参见施雪华，1996）。从政府追求的目标的角度，科尔曼认为，"政府能力是政府获取应有的资源，用于满足其公民的基本需求的生存能力"（参见黄仁宗，2010）；布朗将政府能力的目标界定为增进政府利益（参见施雪华，1996）。从政府职能的角度，福山认为"政府能力是政府制定并实施政策和执法的能力，尤其是干净、透明的执法能力"（福山，2007）。Joel S. Migdal 指出"政府能力是政府影响社会组织、规范社会关系，集中资源并有效地加以分配或使用的能力"（参见施雪华，1996）。UNDP 的研究指出，政府能力建设包括制度、组织管理和公职人员个体三个层次的建设（参见孙柏瑛，2012）。城市治理是多元主体的网状治理，"要管理一个网络状关系，就必须拥有网络管理能力"（戈德史密斯，2008）。故群体性事件中的城市治理能力应包括责任能力、组织管理能力、网络管理能力、政府人员胜任力等。

那么，如何评价城市治理能力？有些学者尝试提出城市治理能力的指标和评价标准，如张亚明等"建立了我国数字城市治理成熟度体系，从政策保障层和基础环境层两个控制层面构成的指标体系"（张亚明、裴琳、刘海鸥，2010）。俞可平（2008）指出，中国治理评价框架包括公民参与、法治、合法性、社会稳定、政府责任、公共服务等 12 个方面。过勇、程文浩（2010）以中国的 5 个城市为例，建立了基于 7 个衡量指标的应用性评价体系，分别是"参与、公正、有效、管制、法治、透明和廉洁"。结合城市治理能力的内涵以及以往的测量经验，本文将网络群体性事件中的城市治理能力具体操作化为政府响应、信息透明度、政府公信力、动态反应、官员问责、网络技巧 6 个维度。

公共行政领域提出并使用"质量"一词始于西方国家公共部门质量管理运动的兴起。对于公共部门的服务质量，M. Beltrami（1992）将其划分为三个发展阶段，即作为标准和程序出现的服务质量概念、作为效果出现的服务质量概念和作为顾客满意度出现的服务质量概念。李威斯（Robert C. Levi）和布恩斯（Bemard H. Boons）认为，作为顾客满意度的服务质量是指服务实际水平和顾客先前预期水平的比较（参见赵晏，2012）。国内学者从公众需求和提升公众满意度的角度定义公共服务质量，如陈文博（2012）认为"公共服务质量是公共部门或第三部门在提供公共服务的过程中，满足公众需求及提升公众满意程度的总和"。丁辉侠（2012）把公共服务质量界定为公共服务满足公众公共服务需求的程度。赵晏、邢占军、李广（2011）也认为"可将政府公共服务质量界定为政府使用公共权力和公共资源向社会公众提供公共产品和服务为其生活和参与社会经济、政治、文化活动所提供的各种保障对于公众需要的满足程度"。

关于公共服务质量的测量，从国际上看，多以各种模型为主要研究工具，比如 SERVQUAL 模型、美国顾客满意度指数模型（ACSI）、欧洲顾客满意度指数模型（ECSI）、平衡计分卡（BSC）等，它们在公共服务质量测评中得到广泛应用（赵晏、邢占军、李广，2011）。而国内关于公共服务质量评价的研究起步较晚，且多是在国外已有研究成果的基础上进行改进和创新，如零点研究咨询集团发布的公共服务公众评价指数、连氏基金"中国城市公共服务质量调查"等。总体来看，目前政府公共服务质量评价依据的多是关于政府公共服务的定义：一是用公众对公共服务的感知质量也就是公众对服务绩效的直接评价来测量（如 SERVQUAL 的五维度感知质量测评模型）；二是基于公众对政府公共服务的满意度予以评价，还有部分学者从公共服务的影响因素入手进行评价。在测量指标方面，则多依据公共服务的内容进行设计，如胡华（2011）研究了农民对农村医疗等 13 个方面公共产品的满意度；纪江明、胡伟（2013）基于 2012 年连氏基金"中国城市公共服务质量调查"，对中国城市公共服务（包括公共教育、医疗卫生、住房与社会保障、公共安全、基础设施、文体设施、环境保护、公共交通）满意度的熵权 TOPSIS 指数进行了评价。总体来看，目前对政府公共服务质量评价的研究多以"满意度"为基础的主观评价为主，对客观评价关注较少，对公共服务中的公共价值（如公平、公正、人类发展、可持续发展等）原则关注不够。已有的评价体系在主客观指标结合、公共价值原则融合、社会管理职能兼顾等方面存在一些不足。综上可知，本文所指的城市公共服务质量是指城市政府或公共部门提供的公共服务能够满足公共服务对象要求和期望的程度，不仅包括对公众主观满意度的评价，还包括对政府公共服务客观水平（即服务均等化程度）的测量。

关于公共服务质量与城市治理能力之间的关系，一般认为公共服务质量是城市政府在治理过程中提供的公共服务的质量水平，城市治理能力和公共服务质量是政府同一行为的两个方面，理应具有内在一致性：政府的城市治理能力越强，其在治理城市并满足公共利益的过程中所提供的公共服务的质量越高；公共服务质量越高，表示政府具有越强的城市治理能力。胡娟（2013）认为大量群体性事件产生的根本原因在于行政及社会体制改革的滞后性，分配不公、诚信缺失、贪污腐败导致人民群众逐渐丧失对党和政府的信任，并进而对其提供的公共服务产生不满。曾润喜（2009）也指出，网络舆情容易引发从众现象，使公众盲目信从网上言论，同时扩散不好的信息，从而使政府公信力下降，拉大公众与政府之间的距离。面对突发的群体性事件，地方政府由于技术、观念的限制，往往方法失当，如强烈遏制信息披露，就会造成与媒体和普通百姓关系的僵化，导致地方政府与公众在沟通上的障碍，造成地方政府形象危机（林景新，2009；杨洋，2007），也使其提供的公共服务不得人心。言下之意，政府治理水平与社会现实需求的差距，引发公众对城市公共服务质量的不满，治理不满过程中的失当行为又导致公众对政府城市治理能力的质疑，即公共服务质量与城市治理能力正相关；公共服务质量差的城市治理能力也差；城市治理能力越差，其提供的公共服务质量越差。

但另一方面，有学者认为公共服务质量与城市治理能力之间成负相关，即公共服务质量差容易引发较多的群体性事件。学者张珍珍（2011）指出"群体性事件爆发的深层次原因一方面是政治体制的原因，政府管得过多，服务能力差，行政效率低下，政治参与渠道不畅通，民众政治诉求无法表达……"政府管理不当、效率低下、服务能力差，其提供的社会环境和公共服务质量不能满足公众的利益诉求，从而导致群体性事件爆发。有些学者指出，发生网络群体性事件时，通过网络舆情反映的民意，其所产生的强大压力，更容易影响政府公共政策的制定，使政府在群体性事件的解决中要考虑民意，使政府把一些问题提前提上日程，促进政府改进决策，从而提升政府的治理能力（郭昭如，2011；郝帅，2012）。王楠（2011）进一步分析认为，"群体性突发事件的有效治理有利于基层政府公信力、公共协调能力、信息管理能力、科学决策能力及应急反应能力等政府治理能力的提升。此外，在有效治理群体性突发事件的过程中，基层政府还可以积累很多有用的治理经验，这也有利于基层政府治理能力的提升"。根据以上分析，城市治理能力的提升，缘于政府所提供的公共服务不到位，较低的公共服务质量，易引发较多的群体性事件，通过治理更多的群体性事件反而提高了政府的城市治理能力，即公共服务质量与城市治理能力之间呈负相关关系。

由此看来，存在两种截然相反的阐述城市治理能力和公共服务质量关系的逻辑线索：一是认为城市治理的核心是治理主体向社会和公众提供公共服务使其满意，政府的城市治理能力越强，其在治理城市的过程中所提供的公共服务的质量越高；反之亦然。二是认为政府提供的公共服务质量无法达到公众期望的水平，引发较多的群体性事件。群体性事件的处理有利于政府提升实际的治理能力，群体性事件越多，政府的治理能力越强。到底哪个结论更趋近事实、更为可靠，需要进一步验证。为此，本文拟对此进行假设验证。建立待验证的研究假设如下：

H_0：中国城市治理能力与公共服务质量正相关；

H_1：中国城市治理能力与公共服务质量之间不存在正相关关系。

二 研究方法与数据收集

本文是基于实证的探索性研究。通过逻辑分析建立假设，采用调查研究法，通过科学抽样，对全国 32 个城市进行了计算机辅助电话调查，收集了"2012 年全国城市公共服务满意度指数调查"数据；通过搜寻人民网2009 年至 2012 年"地方政府应对网络舆情能力排行榜"获得城市治理能力数据。基于以上两项数据，本文试图以城市为分析单位，以网络群体性事件为解释变量，验证假设，探索城市治理能力与公共服务质量之间的关系。

首先，城市公共服务质量方面。分析城市公共服务质量采用的是"2012 年全国城市公共服务满意度指数调查"数据。依据公共服务的内容，将城市公共服务质量划分为教育服务质量、医疗卫生服务质量、住房与社会保障服务质量、公共安全质量、公共基础设施服务质量、文化体育休闲服务质量、环境保护服务质量和公共交通服务质量 8 个维度，涵盖长春、福州、海口、昆明、南宁、郑州、长沙、厦门、杭州、兰州、宁波、石家庄、天津、贵阳、合肥、南昌、青岛、苏州、大连、哈尔滨、济南、南京、太原、沈阳、成都、北京、深圳、上海、重庆、广州、武汉、西安 32 个城市。

公共服务质量每个维度考虑两个方面，即公共服务满意度和公共服务评价不均等程度。各维度公共服务满意度以各城市各维度公共服务满意度均值来衡量，公共服务评价不均等程度用各城市各维度标准差来度量。而且通过上述文献综述可知：公共服务满意度越高，公共服务质量就越高；公共服务评价不均等程度越低，公共服务质量越高。将指标赋予同等权重是实证分析常用的方法，建立如下计算模型：

公共服务质量 = 公共服务满意度 – 公共服务评价不均等程度

（1）为了保证各变量数据间的可比性，将各城市公共服务满意度、公共服务评价不均等程度数据进行标准差标准化：

$$X_i = \frac{x_i/x}{S}$$

（2）形成如下模型：

$$Z 公共服务质量 = Z 公共服务满意度 - Z 公共服务评价不均等程度$$

其次，城市治理能力方面。城市治理能力数据来自 2009 年至 2012 年人民网发布的"地方政府应对网络舆情能力排行榜"。地方政府应对网络舆情的能力（本文指政府治理能力）是人民网舆情监测室针对梳理出的"舆情热点事件"①，使用"政府响应、信息透明度、政府公信力" 3 个常规指标（分值区域为 -10 分至 10 分），以及"动态反应、官员问责、网络技巧" 3 个特殊指标（分值区域为 0 分至 3 分）测得。政府表现越出色、应对越得体则得分越高；反之则得分越低。其中"政府响应"，是指地方党政机构对突发公共事件和热点话题的响应与表达情况，包括响应速度、应对态度、响应层级；"信息透明度"，即地方党政机构新闻发布的透明度、官方媒体报道情况、互联网和移动通信管理，以及对外媒体的态度等；"政府公信力"，即突发公共事件和热点话题发酵前后民众对政府的信任度、满意度，以及由此产生的对地方党政机构的综合印象；"动态反应"，即地方党政机构随着舆情的发酵、矛盾的激化或转移，迅速调整立场、变换手法；"官员问责"，即对舆论关注的不作为或责任官员做出处理、问责；"网络技巧"，即运用官方网站、论坛、博客、微博、网络社群等新媒体进行信息发布和意见沟通，熟悉网络沟通和舆论引导技巧（人民网舆情监测室，2012）。将数据中的"舆情热点事件"与城市公共服务质量数据中的 32 个城市进行相应统计，对于缺乏相应数据的城市，采用其所在省份的其他城市相关数据的均值予以计算。城市治理能力的值通过各子指标的平均值计算得到。由于各子指标的量纲不同，在对其进行平均之前先进行标准差标准化。群体性事件数为所在城市群体性事件的数量。

三　结果与讨论

首先，为考察公共服务质量与城市治理能力之间的关系，以及群体性

---

① 人民网舆情监测室从 100 多家境内外报刊的新闻报道和评论、8 家门户网站的新闻跟帖、约 30 家论坛、400 多名网络"意见领袖"的博客，以及微博客、QQ 群和播客网站中，梳理出每个季度的十个"舆情热点事件"。

事件对公共服务质量与城市治理能力之间关系的影响，我们进行了偏相关分析，控制群体性事件数，考察公共服务质量对城市治理能力的具体影响。以群体性事件数为控制变量，对公共服务质量与城市治理能力做偏相关分析（见表1）。

表1 偏相关分析相关性

控制变量			公共服务质量	城市治理能力	群体性事件数
无[a]	公共服务质量	相关性	1.000	0.479	0.101
		显著性（双侧）	.	0.011	0.617
		df	0	25	25
	城市治理能力	相关性	0.479	1.000	−0.010
		显著性（双侧）	0.011	.	0.959
		df	25	0	25
	群体性事件数	相关性	0.101	−0.010	1.000
		显著性（双侧）	0.617	0.959	.
		df	25	25	0
群体性事件数	公共服务质量	相关性	1.000	0.483	
		显著性（双侧）	.	0.012	
		df	0	24	
	城市治理能力	相关性	0.483	1.000	
		显著性（双侧）	0.012	.	
		df	24	0	

a. 单元格包含零阶 Pearson 相关。

由表1可知，在未控制群体性事件数变量前，公共服务质量与城市治理能力在0.05的水平上显著相关，其 Pearson 相关系数为0.479（$p = 0.011$），即公共服务质量与城市治理能力正相关，公共服务质量越高，城市治理能力越强。在控制群体性事件数变量之后，不考虑制群体性事件数的影响，二者依然是正相关关系，且相关系数为0.483（$p = 0.012$），较前者大。

可见，在不考虑群体性事件数的影响时，公共服务质量对城市治理能力的影响较大；否则影响较小。公共服务质量低、公共服务质量不均等化现象严重，易引发群体性事件，超出城市政府现有的治理能力，使城市治理能力处于低水平。由此可见，公共服务质量通过影响群体性事件的数量进而影响城市治理能力，群体性事件是公共服务质量影响城市治理能力的中介变量。

其次，为考察公共服务质量各维度与城市治理能力之间的关系，对公共服务质量各维度与城市治理能力进行双变量相关分析。由表2可知，在公共服务质量的各维度中，只有公共安全质量、公共基础设施服务质量与城市治理能力在0.05水平（双侧）上显著相关。由此可见，公共安全质量与公共基础设施服务质量分别与城市治理能力呈显著的正相关，公共安全质量越高、公共基础设施服务质量越高的城市，其城市治理能力越强。

表2　公共服务质量各维度与城市治理能力之间的双变量相关分析

公共服务质量各维度	Pearson 相关系数
教育服务质量	0.332（0.079）
医疗卫生服务质量	0.346（0.066）
住房与社会保障服务质量	0.234（0.221）
公共安全质量	0.459*（0.012）
公共基础设施服务质量	0.426*（0.021）
文化体育休闲服务质量	0.360（0.055）
环境保护服务质量	0.364（0.053）
公共交通服务质量	0.135（0.484）

*在0.05水平（双侧）上显著相关。

再次，考察公共服务质量与城市治理能力各维度之间的关系，也做相应的双变量相关分析，如表3所示。在城市治理能力各维度中，只有动态反应与公共服务质量显著相关（0.028＜0.05），二者呈正相关关系。公共服务质量越高的城市，在应对网络群体性事件时的动态反应速度越快。

表3　公共服务质量与城市治理能力各维度之间的双变量相关分析

城市治理能力各维度	Pearson 相关系数
政府响应	0.264（0.166）
信息透明度	0.188（0.329）
政府公信力	0.236（0.218）

续表

城市治理能力各维度	Pearson 相关系数
动态反应	0.407 * （0.028）
官员问责	−0.067（0.731）
网络技巧	0.240（0.210）

＊在 0.05 水平（双侧）上显著相关。

最后，为考察公共服务质量对城市治理能力的具体影响，对公共服务质量各维度与城市治理能力各维度进行双变量相关分析。由表4可知，教育服务质量、医疗卫生服务质量、住房与社会保障服务质量、文化体育休闲服务质量均与动态反应呈正相关关系。公共安全质量、公共基础设施服务质量与政府响应和政府公信力分别呈显著的正相关关系。

表4　公共服务质量各维度与城市治理能力各维度之间的双变量相关分析

	政府响应	信息透明度	政府公信力	动态反应	官员问责	网络技巧
教育服务质量	0.207	0.164	0.171	0.400 *	−0.114	0.239
医疗卫生服务质量	0.197	0.127	0.208	0.416 *	−0.096	0.260
住房与社会保障服务质量	0.041	0.028	0.050	0.516 **	−0.073	0.192
公共安全质量	0.421 *	0.305	0.393 *	0.293	−0.205	0.272
公共基础设施服务质量	0.391 *	0.342	0.408 *	0.149	−0.158	0.237
文化体育休闲服务质量	0.218	0.171	0.216	0.372 *	−0.076	0.257
环境保护服务质量	0.231	0.131	0.192	0.330	0.182	0.103
公共交通服务质量	0.069	−0.013	−0.079	0.288	0.128	0.042

＊在 0.05 水平（双侧）上显著相关；＊＊在 0.01 水平（双侧）上显著相关。

四　结论

根据以上分析研究，可得出如下结论。

第一，公共服务质量与城市治理能力正相关。公共服务质量与城市治理能力作为政府行政管理行为的两个方面，具有内在一致性，二者呈正相关关系：公共服务质量越高，城市治理能力越强；城市治理能力越强，其提供的公共服务质量越高。政府向社会及公众提供的医疗、卫生、教育等公共服务的质量越高，说明政府的城市治理能力越强；反之，如果政府的城市治理的能力越强（例如，响应速度很快，信息透明度高，对外公信力高，动态反应及时，官员问责严格，网络技巧出色），那么它所提供的公共服务质量也越高。

第二，公共服务质量通过影响群体性事件的数量进而影响城市治理能力，群体性事件是公共服务质量影响城市治理能力的中介变量。公共服务质量越高，面对群体性事件时，政府的响应速度越快、信息透明度越高、对外公信力越高、动态反应越快、官员问责越严、网络技巧越出色。公共服务质量越不高、公共服务评价越不均等越容易导致社会不公现象，引发群体性事件，超出城市政府现有的治理能力，使政府表现出较低的城市治理水平。所以，政府在提供公共服务时既要全方位、合理地满足公众的需求，也要考虑社会的公平性、均等性，尽可能减少群体性事件的发生。

第三，在公共服务质量各维度中，只有公共安全质量、公共基础设施服务质量与城市治理能力正相关。政府要提高城市治理能力，特别要注意提高公共安全质量、公共基础设施服务质量。

第四，在城市治理能力各维度中，只有动态反应与公共服务质量显著相关。公共服务质量越高的城市，政府在应对群体性事件时的动态反应速度越快，政府越注重动态反应速度的提升，越能提高公众对公共服务质量的满意度。

第五，教育服务质量、医疗卫生服务质量、住房与社会保障服务质量、文化体育休闲服务质量均与动态反应呈正相关关系。公共安全质量、公共基础设施服务质量与政府响应和政府公信力分别呈显著的正相关关系。

城市治理主体提供公共服务的现代化程度是城市治理能力现代化的关键影响因素。政府既要结合社会生活和公众需求的变化，充分调动和运用各方力量（如法制力量、市场力量、社会力量）来实现各项事务治理的制度化、规范化、程序化、民主化，也要充分利用发达的信息科技手段改善提供公共服务的方式，如网络的运用、社交媒体平台的应用、大数据的应用等，注重全方位、合理地满足公众的需求，注重公共服务的社会均等性，不断提高公共服务质量。面对群体性事件频发的现象，一方面，应该创新公共服务产品，提高公共服务质量，以减少群体性事件的发生；另一方面，要创新城市治理方法，完善城市风险应急管理机制，运用科学的思维和理念应对事件，运用专业的手段化解问题，强化政府的风险应对能力和城市治理能力，促进国家治理体系和治理能力的现代化。

【参考文献】

陈文博，2012，《公共服务质量评价与改进：研究综述》，《中国行政管理》第 3 期，第 39~43 页。

丁辉侠，2012，《公共服务质量评价体系构建思路分析》，《商业时代》第 7 期，第 97~98 页。

福山，2007，《国家构建：21 世纪的国家治理与世界秩序》，黄胜强、许铭原译，中国社会科学出版社，第 4 页。

顾朝林，2001，《发展中国家城市管治研究及其对我国的启发》，《城市规划》第 9 期，第 13~20 页。

郭昭如，2011，《网络舆情对公共政策的影响》，《企业导报》第 12 期，第 22 页。

过勇、程文浩，2010，《城市治理水平评价：基于五个城市的实证研究》，《城市发展研究》第 12 期，第 113~118 页。

郝帅，2012，《我国网络舆情研究与发展现状分析》，《南昌教育学院学报》第 3 期，第 49 页。

胡华，2011，《农村公共产品满意度研究》，《湖南工业大学学报》（社会科学版）第 5 期，第 25~31 页。

胡娟，2013，《新形势下群体性事件深层成因探析》，《南都学坛》第 6 期，第 103~106 页。

黄仁宗，2010，《政府能力研究的新趋势：从发展行政到行政发展》，《宁夏社会科学》第 1 期，第 4 页。

纪江明、胡伟，2013，《中国城市公共服务满意度的熵权 TOPSIS 指数评价——基于 2012 连氏“中国城市公共服务质量调查”的实证分析》，《上海交通大学学报》（哲学社会科学版）第 3 期，第 41~51 页。

林景新，2009，《网络危机管理：Web2.0 时代企业危机解决之道》，暨南大学出版社。

罗月领，2013，《顾客导向型城市治理模式探析》，《天水行政学院学报》第 2 期，第 19~24 页。

人民网舆情监测室，2012，《人民网舆情监测室发布 2012 年一季度地方应对网络舆情能力推荐榜》，http://yuqing. people. com. cn/GB/17718099. html。

施雪华，1996，《论政府能力及其特性》，《政治学研究》第 1 期，第 63 页。

史蒂芬·戈德史密斯，2008，《网络化治理》，孙迎春译，北京大学出版社。

孙柏瑛，2012，《社会管理与政府能力建构》，《南京社会科学》第 8 期。

孙宏亮，2006，《当代中国城市治理工具及其选择》，黑龙江大学硕士学位论文，第 14 ~ 25 页。

王楠，2011，《论群体性突发事件治理中基层政府能力的提升》，苏州大学硕士学位论文。

徐焕，2014，《城市治理中的公共服务体制改革》，《中共天津市委党校学报》第 5 期，第 93 ~ 98 页。

杨洋，2007，《中国地方政府危机管理研究》，西南财经大学硕士学位论文。

俞可平，2008，《中国治理评估框架》，《经济社会体制比较》第 6 期，第 1 ~ 9 页。

曾润喜，2009，《网络论坛的运行机制》，《电子政务》第 2 期，第 77 ~ 83 页。

张亚明、裴琳、刘海鸥，2010，《我国数字城市治理成熟度实证研究》，《中国科技论坛》第 5 期，第 70 ~ 76 页。

张珍珍，2011，《改革攻坚期下的群体性事件原因探析》，《法制与社会》第 26 期，第 222 ~ 223 页。

赵晏，2012，《我国政府公共服务质量评价指标体系的构建与应用研究》，山东大学硕士学位论文，第 13 页。

赵晏、邢占军、李广，2011，《政府公共服务质量的评价指标测度》，《重庆社会科学》第 10 期，第 113 ~ 120 页。

踪家峰、郝寿义、黄楠，2001，《城市治理分析》，《河北学刊》第 6 期，第 32 ~ 36 页。

Beltrami, M. 1992. Qualita e pubblica amministrazione. *Economiae diritto del terzario*, (3), 770.

Jessop, B. 1998. The Rise of Governance and the Risks of Failure: The Case of Economic Development. *International Social Science Journal*, 155: 29 – 45.

Pierre, J. 1999. Models of Urban Governance: The Institutional Dimension of Urban Politics. *Urban Affairs Review*, 3: 372 – 396.

Rhodes, R. A. W. 1996. The New Governance: Governing without Government. *Political Studies*, 44 (4): 652 – 667.

Uzun, N. 2010. Urban Governance in Istanbul. *Análise Social*, 197: 757 – 770.

An Empirical Study on Relationship Between Urban Governance Ability and the Quality of Public Service

Chen Yongguo　Liang Xuanyi　Li Jianpei

School of International and Public Affairs , Shanghai Jiao Tong University

Abstract: The Third Plenary Session of the 18th Central Committee of the CPC intends to promote national governance systems and governance modernization as a comprehensive overall goal of deepening reform and improving governance ability. This paper discoveries the relationship between urban governance ability and the quality of public service from the city governance perspective in China. By proposing hypotheses, collecting empirical data, using SPSS 21.0, testing hypotheses, and interpreting data, this paper draws several conclusions: first, urban public service quality is positively related to urban governance ability; second, the quality of urban public service influences the number of mass incidents, thereby affecting the governance of the city; third, most dimensions of urban governance ability and the quality of public service have positive correlations.

Keywords: urban governance ability; the quality of public service; empirical research

"去中心化"视野中的国家能力体系建设[*]

于春洋　郭文雅^{**}

摘　要： 随着全球化的纵深发展，民族国家普遍遭遇以族群民族主义的浪潮化和地方政府治理的兴起为主要标志的"去中心化"挑战。就前者而言，族群民族主义浪潮旨在通过张扬族性去削弱民族对国家的认同、破坏国家统一；就后者而言，多层治理格局的出现导致地方政府从幕后走向台前，在利用财政资源、提供公共服务、了解公民需求等方面展现出了中央政府难以企及的优势。分析表明，"去中心化"挑战尚不足以导致"民族国家终结"，通过国家与社会、国家与市场、国家与国际体系关系的协调来进行国家能力体系建设、重构国家中心话语，是实现民族国家自我完善与发展、应对"去中心化"挑战的重要途径。

关键词： 民族国家；"去中心化"；族群民族主义；地方政府；国家能力体系建设

---

*　基金项目：中国博士后科学基金第58批面上一等资助项目（2015M580280）。

**　于春洋，民族政治学博士，内蒙古工业大学马克思主义学院教授、硕士生导师，复旦大学民族研究中心在站博士后，中国统一战线理论研究会统战基础理论上海研究基地研究员，主要从事民族理论、民族政治学研究，E-Mail：chunyanghuozheyu@163.com；郭文雅，政治学博士，新疆财经大学公共经济与管理学院讲师，主要从事政治学理论研究，E-Mail：846040812@qq.com。

一 问题的提出:"去中心化" 对民族国家构成的挑战

民族国家的未来及其历史命运成为 20 世纪 90 年代以来学界关注的热点——而这一时间段也正是东欧剧变、苏联解体和冷战结束等重大事件集中爆发的时期。这种时间上的重合绝非巧合,因为在很大程度上,全球化也正是在这些重大事件的促发下,才开始以空前的规模和前所未有的速度在全球范围内蔓延,从而对当今国际体系的基本分析单位——民族国家的现在和未来发展——构成全面的挑战。其中,"既包括跨国主义侵蚀国家主权的外部挑战,也包括导致民族国家走向分裂的内部挑战" (郁建兴,2001)。这里的 "外部挑战",最具代表性的是各种非国家行为体 (包括国际组织、跨国公司和非政府组织等) 对民族国家的 "去国家化" (denationalization) 挑战 (郭文雅、于春洋,2014);而这里的 "内部挑战",则主要表现为来自族群民族主义和作为次国家主体的地方政府的 "去中心化" (decentralization) 挑战。

20 世纪 90 年代东欧剧变、苏联解体标志着冷战时代一去不返,两大敌对阵营间的意识形态和经济体制壁垒被打破,全球化随之进入加速发展的时期。也正是在这一背景之下,"去中心化" 的力量异军突起,成为现代民族国家必须要面对的又一重要挑战。对于 "去中心化" 的概念,有学者认为它是指 "国内子群体对国家的疏离意识及由此产生的地方复兴现象,去'中心' 即去国家,去中心化的主体主要是区域、种族、宗教等次国家组织" (郭艳,2004)。从表面上看,这种 "去中心化" 的现象似乎与全球化南辕北辙,然而仔细分析就会发现两者之间存在紧密的关联。有研究表明,"无论是现代的人还是过去的人,都要凭借各种方式来认同自己,身陷多重权威构成的复杂网络之中,并因此而在其中分配各种资源" (拉比德、克拉托克维尔,2003)。这里向我们传达的信息是,一个特定的个体或者群体往往存在对自我归属感的多层面认同,而一旦这种认同在比国家更大 (超国家层面) 和比国家更小 (次国家层面) 的范围内发挥作用,就构成了对民族国家的巨大挑战——因为民族国家的权力合法性是建立在 "民族认同国家" 的基础之上的。正是全球化削弱了国家对个体或群体成员的感召力与影响力，国家认同的边界被打破，进而朝着超国家和次国家两个向度发展。可以认为，当这种认同朝着超国家向度发展时，就构成了对民族国家的"去国家化"挑战；而当这种认同朝着次国家向度发展时，就构成了对民族国家的"去中心化"挑战。本文主要围绕"族群民族主义浪潮削弱民族对国家的认同"和"地方政府治理的兴起"两大议题，对民族国家所遭遇的"去中心化"挑战进行粗浅评析，进而讨论在国家与社会、国家与市场、国家与国际体系的关系协调中进行国家能力体系建设的可行性，为学界关于民族国家历史命运的讨论提供一些启示。

二 族群民族主义浪潮削弱民族对国家的认同

冷战结束导致全球化加速发展，同时也在世界范围内导致一场"去中心化"的族群民族主义浪潮。这一浪潮对一些欠发达国家而言是致命的，而西方发达国家特别是英国的北爱尔兰和苏格兰、加拿大的魁北克、比利时的佛兰德、意大利的提罗尔、西班牙的加泰罗尼亚和巴斯克、法国的科西嘉等地区，也明显感受到了族群民族主义带来的巨大压力。

（一）族群民族主义的浪潮化

族群民族主义（ethnic nationalism）是在西方学者讨论近代民族主义理论的过程中被提出的。作为与公民民族主义（civil nationalism）相对应的概念，族群民族主义与公民民族主义一起被认为是近代民族主义最为基本的两大类别。1944 年，汉斯·科恩（Hans Kohn）把民族主义区分为公民民族主义和族群民族主义，认为前者是"以国家和公民身份为基础的民族主义"后者则是"以文化为基础的民主主义"（Leoussi，2001）。与此相联系，民族也可以被区分为"公民民族"和"族裔民族"。如果前者是"以地缘权利（soil right）为基础"的，那么后者则主要是"以血缘权利（blood right）为基础"的（Oakes，2001）。通常意义上的族群民族主义一般会被描述为"以血缘权利为根据，以族裔身份为基础，从文化和语言的层面对民族加以界定的意识形态"（黎英亮，2004）。而随着冷战结束之后族群民族主义浪潮的兴起及其带给民族国家的致命威胁，一些学者重新对其进行审视和界定。其中比较具有代表性的观点认为族群民族主义"是指一个多民族国家中的族群、种族或原住民等族类群体为了实现地域性的或某领域内的特定利益，通过族性政治动员，诉诸和平请愿、分离运动等群体性政治行为，向多民族国家的中央政府施加压力，以此达到地位提高、权益提升等目的"（青觉，2013）；"研究表明，族群民族主义与一国内部的民族关系、种族、部族及其所涉及的政治分裂、文化和语言、宗教等因素密切关联"（时殷弘，2002），经由族群民族主义而发起的"族性政治动员会对多民族国家内部的政治秩序构成重大影响，甚至还会对多民族国家主权的完整构成严峻挑战"（青觉，2013）。

对于后冷战时代族群民族主义最终发展为一种浪潮的根源，不同学者基于不同的学科视野进行了分析，并由此引发了很多讨论。这些观点主要包括：外部力量的支持和介入；族群政策的失当或不公导致国内少数民族政治权力、经济利益与文化权利被忽视、排斥、压制甚至剥夺；国内经济发展不平衡，少数民族相对贫困问题出现，被剥夺感强烈；强权政治与殖民主义遗留下来的宿怨与问题；冷战结束致使意识形态危机广泛爆发，国内主体民族与少数民族之间的隔阂因民族主义尤其是宗教民族主义的兴起而不断加剧；冷战结束致使美苏两极对峙的格局土崩瓦解，以前掩盖在两极对峙格局之下的民族宗教矛盾在很多国家和地区显露出来并且不断激化；等等（金鑫，2002）。一个可以被大家普遍接受的基本事实是：族群民族主义的兴起意味着国家认同向族群认同的回归，它的出现在相当程度上"其实就是那些对于自身命运不满的、身处民族国家内部的少数群体或种族集团集体意志的表达"（李学保，2010）。显然，它的出现打破了个体对族群认同和国家认同的兼容性，对国家的统一、民族的团结和社会的稳定构成严重威胁，也危及民族国家的合法性。我们认为，族群民族主义对民族国家的冲击是带有普遍意义的，它不仅出现在发展中国家，也出现在西方发达国家。

（二）国家认同如何被削弱：对发展中国家的分析

在相当多的发展中国家里，各种传统的族裔认同形式（包括种族认同、语言集团认同、宗教认同等）都会和国家认同相矛盾。这种矛盾主要来自两个方面：其一，国内不同族群之间的历史宿怨与现实冲突；其二，经济全球化背景下的民族利益分配不公。

就前者而言，很多国家内部的不同族群在历史上存在较为尖锐的冲突与对抗，这些冲突与对抗潜伏在各族群历史记忆的深处。这种状况使得这些族群虽然共同生活在同一个政治共同体之内，但是基于国家认同的民族凝聚力却没有能够真正形成。在国家经济、政治、文化、社会生活常态发展的背景下，这一问题并不会危及国家的统一与地区的稳定；然而，一旦国家遭遇突发事件或者重大变故，历史的宿怨与现实社会生活中广泛存在于经济、政治、文化、宗教、语言领域内的异质性因素以及社会地位的差异交织纠缠在一起，曾经的潜在性问题就会显性化，族际冲突以激烈的方式表现出来，导致国家的分裂与地区的动荡。东欧剧变就是一个非常具有典型意义的例证，而后冷战时代从南斯拉夫的塞尔维亚族、克罗地亚族和穆斯林族之间的矛盾，到科索沃和车臣的独立风潮，族群意识的强化与族群民族主义的兴起导致国家认同危机出现，成为当今世界民族冲突的根源之一。

就后者而言，经济全球化的深入发展在使很多国家和地区的财富总量增加的同时，也造成财富在不同民族和族群中间分配的不公，比较极端的是"在那些后发展国家里，少数族群很快就成为主体民族仇恨的对象。而民主化浪潮的到来又加剧和扩大了这种仇恨"（蔡爱眉，2005），拥有国家政治权力的主体民族（尤其是其中的少数激进分子）鼓吹民族政治（etho-national politics），对少数族群的基本权益进行残酷剥夺。……最终，失败和变异了的民主制度不断衍生出种族暴力甚至种族清洗。"国家或民族的冲突与政治和经济利益明显地紧紧交织，尤其是与统治阶层的利益紧紧交织"（卡利扎德、莱斯，2000），于是我们看到，因统治阶层对自身利益最大化的维护而引燃的种族仇恨火焰，导致国家陷入动荡与纷争之中。遍及卢旺达、津巴布韦、塞尔维亚、印度尼西亚等国家的那些种族暴力，正在把脆弱的国家认同撕得粉碎，种族主义甚嚣尘上。

（三）族群民族主义在西方发达国家的兴起

在西方发达国家，主要有两种情况导致族群民族主义兴起。一方面，在西欧民族国家初创的过程中，民族与国家的边界是重合的，这一特征导致"一个民族，一个国家"的民族国家观念的产生和以此为追求的民族主义的产生。随着民族间交往的日益频繁和世界移民的涌入，这种传统的民族国家观和民族主义想象的维持"势必要以容忍主流民族文化对于少数群体的压制，以及伤害非主流文化群体的权益作为代价"（李学保，2010）。而作为对这种伤害和压制的回应，在发达国家的少数群体中滋生出族群民族主义就带有某种必然性，那种"理想状态"之下的传统民族国家正在被多族群共存、多文化共生的现实所取代。另一方面，出于同样的原因，这种史无前例的经济一体化发展和跨越疆界的世界移民浪潮使得原本存在于国与国之间的历史、文化传统和价值观上的差异，转而变为存在于国家内部社会生活中的常态化特征。不管是否愿意接受，西方社会的"他者"正在成为西方社会的重要组成部分。出于一种近乎本能的拒斥，这些外来移民和少数群体往往被西方世界贴上"肮脏、道德失信和懒惰"的标签以显示自身的"群体超凡魅力"（费瑟斯通，2009）。2014 年 4 月 16 日，欧洲委员会发布的《欧洲人权状况报告》向我们表明：目前欧洲的民主、法治与人权状况——曾经被他们津津乐道的美好景象，正处于前所未有的危机之中，种族歧视、种族主义、放纵仇视言论等问题是冷战结束以来最为严重的。报告宣称，欧洲有 39 个国家存在歧视少数民族的问题（郝时远，2014）。而西方世界的外来移民和少数群体为了摆脱由上述问题带来的"群体耻辱感"，"普遍出现了一种族群认同的回归"（费瑟斯通，2009），族群民族主义随之兴起。

总之，无论是在发展中国家还是在西方发达国家，不管导致这一局面出现的原因是什么，我们能够感受到的是国家对国内非主体民族日益高涨的多元需求总是很难做出富有成效的回应，由此派生出了哈贝马斯所说的国内非主体民族不再认同民族国家的"合法性危机"，也给各种形式的族群民族主义提供了生存的空间与发展的土壤。而族群民族主义浪潮削弱民族对国家的认同，也在事实上削弱了民族国家权力合法性的基础。

三 地方政府治理的兴起

在现代民族国家所遭遇的"去中心化"挑战之中，另一个引人注目的威胁来自次国家主体及其治理的兴起。对行政系统来讲，"全球化所带来的一个主要的变化是形成了多中心的秩序格局"（麻宝斌、郭蕊，2008）。从这种视角出发进行分析，以"多中心的秩序"冲击甚至取代民族国家曾经拥有的中心地位，是"去中心化"的又一重要表现。而我们这里讨论的次国家主体就是"多中心"中的一个。如果说族群民族主义浪潮削弱了民族对国家的认同、威胁着民族国家权力来源的合法性的话，那么，次国家主体及其治理的兴起则在国际事务与国内事务两个层面构成了对中央政府代表国家行使"中心权力"的挑战。

（一）多层治理格局中的"地方"

次国家主体及其治理的兴起与治理理论的发展密不可分。次国家主体及其治理的兴起推动了治理理论特别是多层治理理论的发展，而多层治理理论的兴起也给次国家主体及其治理提供了理论上的引导与参考。关于治理的多层次问题，学界有许多讨论。世界知名的国际关系学者星野昭吉把全球治理看作是"一种从地方到全球的多层次解决共同问题的新方式"（星野昭吉，2000），国内也有学者指出"可以把治理的主体区分为超国家的、跨国家的、国家的、次国家的以及公民社会的不同层次"（丁煜，2008）。一个较具代表性的观点认为多层治理是"在一个新的民族国家联合体中，包括超国家的、国家的与次国家行为体的一种协商的、非等级化的独特政治结构"，基于这种分析，多层治理的典型特征在于"政治活动在多个层面上进行，如超国家层面、国家层面和次国家层面等"（朱贵昌，2006）。在次国家层面的行为主体（同时也是治理主体）之中，地方政府①在其中扮演

---

① 所谓地方政府，指的是那些只在一国局部领土上行使管辖权的政府，即所有在中央政府以下的各级政府。它包括单一制国家中的各级地方政府、联邦制国家中的联邦成员单位以及州省以下的各级地方政府。——笔者注

着越来越重要的角色。这是因为"在一个'全球地方化'的时代，地方政府不再是曾经那种被动的角色和被消解的对象了。恰恰相反，地方的主体性还被空前激发出来，地方政府不但充当了国内事务中的活跃角色，而且也开始越来越频繁地出现在国际舞台上"（陈志敏，2008）。

我们发现，全球化并没有降低地方的重要性。在全球化时代，地方开始走向世界，地方与国际接轨已成为一种常态。对此，有学者指出，"地方化正在成为与全球化并行不悖的另一个十分引人注目的历史现象"（王立军，2012）。人们不禁会问，全球化为何没有削弱地方的重要性呢？有分析表明，全球化与地方化的差异并不像我们想象的那样，甚至两者之间可能是共生关系，一致性要明显超过对立与冲突。其原因主要在于"全球通讯科技的发展和运输网络的发达，已经让很多地方变得不再'偏远'……跨国公司选择越来越深入地方开展它的商业活动和经济运作，在满足当地人生活需要的同时谋取商业利润；世界市场的力量正在让城市地区间的竞争变得剧烈；全球营销体系、大众传播媒介的发展也为地方产品与文化在世界范围的风行提供了可能"（郁建兴、徐越倩，2004）。

与此同时，民族国家的权力在各个领域、各个层面发生着流失，民族国家的权力下放到地方的态势也已经出现。全球化时代也是信息时代，社会系统变得日益复杂，科技进步日新月异，掌握第一手资料在第一时间做出反应已经成为科学决策的关键。而民族国家层面需要管理的社会公共事务庞杂烦琐，在很多关乎地方经济发展和居民生活的领域难以做出及时调整与回应，显得力不从心。由此，国家向地方下放权力成为一种需要，将原本属于中央政府的权力下放到地方政府，依靠地方政府来对地方性事务进行管理并提供服务。于是，地方政府逐渐成为所统辖区域范围内事实上的权力掌控者。这种趋势在联邦制国家的地方——联邦各成员单位——表现得更为明显。受篇幅所限，我们在这里主要以地方政府及其治理的兴起为视角来讨论民族国家遭遇的次国家主体的挑战问题。

（二）地方政府治理的优势

在全球化背景之下，地方政府在提高地方竞争力、促进本地经济繁荣与社会发展方面所发挥的作用越来越大，相对于中央政府和其他次国家主体而言，地方政府也有着无可替代的优势。正是这些优势使得地方政府及其治理在事实上构成了对民族国家中心权力的威胁。

第一，地方政府在利用财政资源和提供公共服务方面有着中央政府无法比拟的优势。当地方性公共服务由地方政府提供时，本地居民不仅为此支付税金，同时还享受其提供的服务。而且一个非常重要的方面是，本地居民也拥有通过民主渠道参与决策的机制和权力。于是，我们发现地方政府在公共服务提供方面实现了支付者、享有者、决策者三者的统一。这种情况有利于地方财政资源效用的最大化，"因为地方财政资源来自地方劳动者的劳动与创造，如果地方政府自身拥有支配地方财政的权力时，它就会做出权衡，把这一资源用在地方各项事业发展中最为重要的项目上，而且在财政资源的使用上也能尽量做到效率的最大化……用最少的资源投入换取最大的回报"（唐虹，2005）。比较而言，如果地方创造的财政资源由中央政府统一支配，就有可能出现支付者、享有者、决策者三者分离的情况。财政资源较为丰富的富裕地方会感到按照自己意愿支配资源权力的匮乏，而中央政府的财政资源又极有可能因为不是由地方自己创造而难以被合理、有效地利用，两者间的落差会导致财政资源使用上的巨大浪费。

第二，社会流动的频繁和机会成本的增加使得不同地方政府围绕资本、技术和劳动力展开竞争，从而促进了地方政府创新能力的提高。如果某一地方政府无力为资本提供良好的投资环境和服务机制，没有创建出企业技术研发的政府扶持模式，也无法为劳动力提供可以信赖的劳动保障和发展空间，那么，这些对于地方经济社会发展具有重要影响的社会资源就会流失。于是，地方政府有制度创新、政策创新、机制创新的强大动力。相比之下，中央政府在这方面能够做的和想要做的都相对有限。这就是地方政府要远比中央政府更具活力和创新意识的原因。当然还有另外一个原因，那就是"如果某个地方的政府不能满足公民的要求，公民就会'用脚投票'，这是地方居民制约政府公共政策偏离民众意愿的有力机制"（Tiebout，1956）。

第三，在及时了解地方居民需求、准确了解地方社会状况和获取经济发展信息等方面，地方政府的优势明显。在国家所承担的社会公共服务职能中，了解公民愿望并且高效率地为其提供公共产品是非常重要的职能，为了做好这一点，就必须了解公民的意愿及其偏好（Tiebout, 1956）。由于历史、文化和社会生活等方面的原因，国家内部不同地区居民的意愿是有差异的，这种差异导致他们对公共产品的需求也具有不同偏好。地方政府的优势在于，相对于中央政府的决策者而言，他们获取本地信息所付出的成本和代价要小得多，得到的信息也准确得多。由此，地方政府更有可能成为本地经济发展和社会生活秩序的有效维持者。相比之下，中央政府做出同样的努力但收效远不如地方政府，特别是当该地方存在其他地方并不存在的特殊问题时，当地居民的意愿很难被反映到中央，而中央政府也很难给出差异性的决策方案。

以上优势的存在，导致地方政府治理的兴起在全球化时代带有某种必然性。然而，对于地方政府治理的前景我们也不要过分乐观，因为"地方政府作为地方治理的'首席执行官'，它对所谓'全球治理'的参与在很大程度上取决于治理对象或事务是否符合地方稳定与发展的根本利益"（朱天祥，2014）。基于这一点，地方政府较之于民族国家而言，其过分狭隘的地方视野使其能量的发挥往往局限在特定地方并更具倾向性，可能导致地方与国家、国际组织、跨国公司以及超国家集团的纵向互动产生冲突与矛盾。怎样在中央政府与地方政府及全球治理、国家治理和地方治理之间寻求某种平衡与均势，在发挥地方政府优势的同时遏制其消极方面，是一个需要思考和解决的问题。

四　重构国家中心话语：国家能力体系建设

近代以来，西方最为重要的政治事件当属民族国家的兴起。区别于此前的城邦国家和传统王朝国家，民族国家被认为是现代意义上的国家。现代国家以主权为核心，以公共权威作为自己存在的基础，而国家能力则是它的基本属性。学界对于国家能力问题的认识与思考有一个过程。在结构功能主义占主导地位的20世纪五六十年代，国家能力概念被提出，阿尔蒙德（Gabriel A. Almond）和鲍威尔（G. Bingham Powell）在《比较政治学：发展研究途径》（*Comparative Politics：A Developmental Approach*）中首次提出国家能力是指一个政治系统在自身所处的环境之中的总体绩效，并且列举了能够反映国家能力的 5 种行为，分别为提取、规制、分配、符号和响应（Almond and Powell，1966）。从 20 世纪 70 年代末期开始，国家主义学派就国家能力概念进行了系统分析，西达·斯考切波（Theda Skocpol）在让她享誉世界的《把国家找回来》一书中，主张国家能力与"国家自主性"是同样重要的概念，它所指称的是国家通过施行一系列的政策而实现自身目标的能力（Skocpol，1985）。1988 年，国家社会关系理论的代表人物米格代尔（Joel Migdal）将社会纳入国家能力的研究框架之中，提出国家能力是"国家决定社会生活按何种秩序组织起来的能力"，也可以更为直观地将其表达为"统治者运用国家的计划、政策及其实施而去实现自己改造社会的目标的能力"（Migdal，1988）。随后，西方学界逐渐形成国家与社会、国家与市场、国家与国际体系三个研究维度，对国家能力的研究日益深入。国内学界对国家能力问题的关注较晚，可以把王绍光与胡鞍钢（1993）两人合著的《中国国家能力报告》看作其起点，目前一个能被更多学者接受的定义是认为国家能力是"国家实现其宏观愿景的能力"（王仲伟、胡伟，2014）。

要拥有强大的国家能力不是一蹴而就的，需要通过国家能力体系建设来使其不断向前发展，好让国家对内外环境的发展与变化做出积极的回应。正如本文一再强调的那样，全球化时代的来临使得民族国家遭遇一系列重大挑战，怎样在"去中心化"的挑战中重构国家中心话语，是一个值得深入思考的问题。我们认为，可以在国家与社会、国家与市场、国家与国际体系的关系协调中进行国家能力体系建设，并以此作为重构国家中心话语的一条重要途径。

（一）国家与社会关系维度下的社会治理能力建设

在有关国家与社会关系问题的讨论中，新自由主义基于国家与社会彼此对立的立场给出了"消极国家观"的意见，即主张应该给予社会充分的自我发展空间，建议国家不要随意干预社会生活事务。换句话说，"被新自由主义所反复强调的是一个独立自主、自由竞争的社会，而不是一个处处受制于国家的社会"（霍建国，2012）。这里的问题在于，社会管理职能是任何一个国家都必须承担的对内职能，其原因是国家的"政治统治到处都是以执行某种社会职能为基础，而且政治统治只有在它执行了它的这种社会职能时才能持续下去"（马克思、恩格斯，1995）。20世纪90年代，治理理论应运而生，它的出现为理解国家与社会的二元对立关系提供了全新的视角。治理理论认为国家与社会不但能够并且应该相互合作，共同治理。治理理论倡导加强国家的社会治理能力体系建设，并把它作为国家能力建设的重要一环。社会治理能力主要包括如下内容：其一，维持社会秩序能力的建设。确保社会的稳定、维持社会秩序是社会治理能力的核心价值所在。在一个没有秩序的社会，国家的经济增长、政治发展、现代化建设以及增进人民福祉等一切其他目标都将变成无稽之谈。对此问题，亨廷顿有非常深刻的体悟。他指出，"首要的问题不是自由，而是建立一个合法的公共秩序。人当然可以有秩序而无自由，但不能有自由而无秩序"（亨廷顿，2008）。其二，社会协调能力的建设。国家在新的社会治理格局之中已不再是唯一进行公共管理的主体，为了实现公共利益最大化的目标，国家要凭借自身的合法性权威去协调公共部门与私人部门，以及政府与社会、政府与市场、政府与公民之间的关系，经由这种多方协调与合作的方式，对社会公共事务进行有效治理。其三，社会整合能力的建设。所谓社会整合能力"是国家凭借自身的公共权力来对社会资源进行正当性分配的能力"（霍建国，2012），这种能力对社会阶层利益严重分化的很多发展中国家而言尤其重要。为了提高社会整合能力，需要通过政治整合来推进民主化进程，减缓乃至消除利益冲突与社会矛盾；通过政策与资源的整合来追求社会正义，调节和平衡不同社会阶层的利益；通过文化与观念的整合来形成促进社会持续发展的合力，为国家的存在提供合法性资源。党的十八届三中全会以来，作为中国全面深化改革的两个总体目标之一，国家治理体系和治理能力现代化建设成为我们进行现代民族国家建构的重要途径。

（二）国家与市场关系维度下的国家宏观经济管理能力建设

作为当代社会政治经济领域内两种最为基本的组织形式，人们对国家与市场关系的认识经历了一个曲折的过程。目前，国家在市场经济中所发挥的重要调节作用已经被经济学界普遍接受，分歧仅仅来自不同理论派别对国家干预经济的方式、手段及其深广度的不同理解。而依据对历史发展的经验观察，"国家的保护是市场发展的客观需要，缺乏国家保护的市场将难以获得长期健康发展。然而国家调节作用的发挥也必须要符合市场发展规律才变得可行"（王仲伟、胡伟，2014）。于是，国家的宏观经济调控和自由市场经济运行的结合，就构成了现代经济的典型特征。事实表明，两者的有机结合可以实现社会资源的最佳配置，既能弥补市场失灵，又能克服市场缺陷。所以，从国家与市场关系的层面出发，国家能力体系建设集中表现为国家宏观经济管理能力建设，其中最为重要的内容是国家的宏观调控能力建设。所谓国家的宏观调控能力就是国家对整个国民经济的运行和发展进行调节和控制的能力。通过国家对国民经济的宏观调控，避免市场经济本身所具有的盲目性、自发性缺陷，为市场经济的持续、健康、有序发展提供保障，确保国民经济稳定运行。一方面，要加强国家的市场经济秩序调控能力建设。在市场成为全球范围内主导经济发展的手段的今天，保证国民经济运行的必要前提是营造公平、合理、健康、有序的市场经济秩序；另一方面，要加强国家对金融市场的宏观调控能力建设，这在2008年金融危机爆发之后变得更具现实感和紧迫性。这场危机爆发很大程度上是因为美国政府对本国经济的总体运行情况尤其是对本国金融市场的规范运行缺乏必要的监管与调控。事实上，美国政府早在20世纪70年代就一直采用自由放任的政策。这场危机导致的结果之一是各国政府都开始意识到加强金融市场宏观调控的重要性，并就此达成全球共识。诺思（Douglass C. North）曾经指出，"经济增长的关键在于国家的存在及其能力持续发挥作用，然而说来讽刺，经济衰退的根源也在国家"（诺思，1994）。国家干预经济会产生截然不同的结果，这取决于国家宏观经济管理水平的高低，也反映了国家宏观调控能力的强弱。促进本国民族经济发展在全球化时代依然具有无可替代的作用，加强国家宏观经济管理能力建设也因此显得至关重要。

（三）国际与国际体系关系维度下的国家应对全球竞争与挑战能力建设

所谓国际体系，一种通常意义上的理解是国家作为最高行为主体（这一点至今未被打破）彼此作用、相互影响而结成的互动网络。由于目前在实质上尚未出现一个可以超越国家的中央权威，所以国际体系依然是一个处于无政府状态的自利性体系。而在这一体系的框架之内，"国家间的互动本质上是国家间的相互竞争与挑战"（黄清吉，2010）。由此，在国家与国际体系关系维度之下的国家能力建设，集中体现为国家应对全球竞争与挑战能力的建设。可以把这一能力建设分解为如下几个层面：其一，确保主权与领土不受侵犯能力的建设。主权是现代国家的内在坚守，领土则构成现代国家的外在边界，两者都具有神圣和不可侵犯的特质。然而每个国家在综合国力、文化传统、国防军事力量以及国家所处的地缘格局、战略位置等方面都具有不可比拟性，如此一来，在无政府状态的国际体系中如何确保国家主权与领土不受侵犯就成为一个缺乏共性经验可循的难题。要确保主权与领土不受侵犯，从一般意义上看，包括进行国防军事力量建设、通过外交努力为本国发展争取和平稳定的环境等；从大国的角度看，包括在动态中维持有效的武力威慑、建立可靠的应急对话通道、加强大国间的政治互信与合作交流等；而对拥有毁灭性核武器的大国来说，鉴于"核武器的绝对性把拥有核武器的世界与使用常规武器的世界完全区别开来"（Waltz，1990），为防止其他核大国获得压倒性核优势而去研制更为尖端的核武器系统，将成为一个非常重要的内容。其二，参与或主导创建国际体系运行机制能力的建设。提供信息、减少不确定性和规避风险，推进经济上相互依赖的国家进行谈判，形成双赢或者共赢的良好局面是国际体系运行机制的主要价值所在。鉴于目前"国际机制是按霸权国能在其中发挥关键作用的行为标准来创建的"（基欧汉，2001），怎样在霸权国家主导的机制创建中实现本国利益的最大化就成为一个非常重要的现实问题。其三，让本国的国家力量赢得相比其他国家的比较优势的能力建设。国家力量是由硬实力和软实力共同构成的，其中的"硬实力即国家的经济实力与军事实力……软实力则是国家的政治观念、政策的影响力以及文化底蕴"（奈，2005）。增强国家力量并且从中获得比较优势，是国家应对全球竞争与挑战能力建设的重要方面。

五 总结

必须承认，全球化时代民族国家所遭遇的挑战是全面而深刻的。然而一个不争的事实却是，"民族国家仍旧是当今国际政治体系之中最为重要的主体,这一点至今没有发生变化"(于春洋,2015)。一旦我们真正认识到这一点,就会发现那些"反对民族国家"的理论主张至少在目前的情形之下是不合时宜的,或者说是"阶段性"的。斯特兰奇(Susan Strange)也曾坦陈,"我们这些认为国家权威在过去一二十年出现衰落的人,并不必然预计这一衰落将无限期地持续到未来"(斯特兰奇,1998)。从更为开阔的视野来观察民族国家可以发现,民族国家得以确立的阶级基础在全球化时代依然存在,哪怕它的存在方式发生了诸多形式上的改变;"全球文化"的生成以及西方社会推行全球文化同质化的努力并未削弱民族国家自身文化的本土化与民族性,事实上,国家的文化职能从未像今天这样被每个民族国家所重视和强调;跨国公司、国际组织、超国家集团的存在与发展,以及族群民族主义浪潮、地方政府及其治理的兴起也并未从本质上改变全球利益分配格局,民族国家依然是全球化时代最为重要的利益主体。面对这些基本的事实,有学者指出,"在当前以知识作为基础的全球化经济之中,民族国家依旧重要。……它不是正在走向消亡,而是正在被合理想象、合理设计、合理调整以回应全球化的挑战"(杰索普,2007);民族国家因全球化而面临的一系列问题与挑战"既不是对'更多市场、更少国家'观念的简单移植,也不是预示着民族国家的衰弱,充其量,它只是表明凯恩斯主义的福利民族国家遭到了侵蚀"(郁建兴,2007)。这样看来,怎样对全球化时代的民族国家进行"重新想象、重新设计、重新调整"(杰索普,2007),通过多种途径去进行国家能力建设、重构国家中心话语、实现民族国家的自我完善与发展,才是更具实质意义的事情。

【参考文献】

鲍伯·杰索普,2007,《重构国家、重新引导国家权力》,何子英译,《求是学刊》第4期,第32页。

蔡爱眉,2005,《起火的世界——输出自由市场民主酿成种族仇恨和全球动荡》,刘怀昭译,中国大百科全书出版社,第131~132页。

陈志敏,2008,《全球多层治理中地方政府与国际组织的相互关系研究》,《国际观察》第6期,第14页。

道格拉斯·C.诺思，1994，《经济史中的结构与变迁》，陈郁、罗华平译，上海人民出
版社，第 20 页。

丁煜，2008，《多重治理：机制、模式与关联》，《中国人民大学学报》第 3 期，第
111 页。

郭文雅、于春洋，2014，《现代民族国家遭遇"去国家化"挑战评析》，《学术论坛》第
9 期，第 19 ~ 22 页。

郭艳，2004，《全球化时代的后发展国家：国家认同遭遇"去中心化"》，《世界经济与
政治》第 9 期，第 39 页。

郝时远，2014，《中国的民族政策在世界范围具有先进性》，《中国统一战线》第 8 期，
第 32 页。

黄清吉，2010，《现代国家能力的构成：国内政治与国际政治的统合分析》，《教学与研
究》第 3 期，第 41 页。

霍建国，2012，《后金融危机时代的国家能力建设探析》，《新视野》第 2 期，第 30 页。

金鑫，2002，《世界问题报告》，中国社会科学出版社，第 141 ~ 142 页。

黎英亮，2004，《论近代法国民族主义理论的蜕变——从公民民族主义到族群民族主
义》，《世界民族》第 4 期，第 8 页。

李学保，2010，《民族认同、族群民族主义与后冷战时代的世界冲突》，《青海民族研究》
第 4 期，第 22 页。

罗伯特·基欧汉，2001，《霸权之后——世界政治经济中的合作与纷争》，苏长和等译，
上海人民出版社，第 137 页。

麻宝斌、郭蕊，2008，《全球化时代的地方政府治理模式》，《学海》第 4 期，第 72 页。

马克思、恩格斯，1995，《马克思恩格斯选集》（第 3 卷），人民出版社，第 523 页。

迈克·费瑟斯通，2009，《消解文化——全球化、后现代主义与认同》，杨渝东译，北京
大学出版社，第 166 页。

青觉，2013，《多民族国家在"族类民族主义"与"公民民族主义"之间寻找治理空
间》，《黑龙江民族丛刊》第 6 期，第 43 页。

塞缪尔·亨廷顿，2008，《变化社会中的政治秩序》，王冠华、刘为等译，上海人民出版
社，第 7 页。

时殷弘，2002，《论族群民族主义在当今世界的涌动和局部泛滥》，《社会科学论坛》第
1 期，第 17 页。

苏珊·斯特兰奇，1998，《全球化与国家的销蚀》，载王列、杨雪冬主编《全球化与世
界》，中央编译出版社，第 121 页。

唐虹，2005，《全球化和地方政府角色优势》，《太平洋学报》第 5 期，第 77 页。

王立军，2012，《全球化与地方政府国际行为的兴起——论地方政府国际行为勃兴的背景与动因》，《山西大学学报》（哲学社会科学版）第 1 期，第 93 页。

王绍光、胡鞍钢，1993，《中国国家能力报告》，辽宁人民出版社。

王仲伟、胡伟，2014，《国家能力体系的理论建构》，《国家行政学院学报》第 1 期，第 20 ~ 21 页。

星野昭吉，2000，《全球政治学——全球化进程中的变动、冲突、治理与和平》，刘小林、张胜军译，新华出版社，第 277 ~ 278 页。

于春洋，2015，《全球化时代何以"反对民族国家"——对"民族国家终结论"、"世界政府"与"全球治理"等观点的析评》，《社会科学研究》第 2 期，第 75 页。

郁建兴，2001，《国家理论的复兴与马克思主义国家理论》，《东南学术》第 5 期，第 4 页。

郁建兴，2007，《论全球化时代的马克思主义国家理论》，《中国社会科学》第 2 期，第 51 页。

郁建兴、徐越倩，2004，《全球化进程中的国家新角色》，《中国社会科学》第 5 期，第 96 页。

约瑟夫·拉比德、弗里德里希·克拉托克维尔，2003，《文化和认同：国际关系回归理论》，金烨译，浙江人民出版社，第 52 页。

约瑟夫·奈，2005，《硬权力与软权力》，门洪华译，北京大学出版社，第 16 页。

扎米尔·卡利扎德、伊安·莱斯，2000，《21 世纪的政治冲突》，张淑文译，江苏人民出版社，第 171 ~ 172 页。

朱贵昌，2006，《多层治理理论与欧洲一体化》，《外交评论》第 6 期，第 51 页。

朱天祥，2014，《多层全球治理：地区间与次国家层次的意义》，《国际关系研究》第 1 期，第 49 ~ 50 页。

Almond, Gabriel A. and G. Bingham Powell. 1966. *Comparative Politics*: *A Developmental Approach*. Boston: Little Brown.

Leoussi, Athena S. 2001. *Encyclopaedia of Nationalism*, *Piscataway*. New Jersey: Transaction Publishers, p. 60.

Migdal, Joel. 1988. *Strong Societies and Weak States*: *State-society Relations and State Capabilities in the Third World*. Princeton: Princeton University Press, pp. 37 – 38.

Oakes, Leigh. 2001. *Language and National Identity*. Amsterdam/ Philadelphia: John Benjamins Publishing Company, p. 12.

Skocpol, Theda. 1985. Bring the State Back in: Strategies of Analysis in Current Research. In

Bring the State Back in. Cambridge: Cambridge University Press.

Tiebout, Charles. 1956. A Pure Theory of Local Expenditure. *Journal of Political Economy*, Vol. 5, pp. 416 – 424.

Waltz, Kenneth N. 1990. Nuclear Myths and Political Realities. *American Political Science Review*, Vol. 84, No. 3, pp. 730 – 745.

The Construction of National Capacity System in the Perspective of Decentralization

Yu Chunyang

Center for National Minorities Studies, Fudan University

Guo Wenya

School of Public Economic and Management, Xinjiang University
of Finance Economic

Abstract: Along with the development of globalization, the national state faces with challenges of decentralization marked which is the trend of ethnic nationalism and the rise of local government governance. As to the former, ethnic nationalism weaken the national identity for ethnic groups by publicizing ethnic-characteristic; the latter, appearance of multi-level governance pattern leads to changes of local governments from behind the scenes to the stage. It shows the unattainable advantage of the central government in the use of financial resources, providing public services, understanding the needs of citizens. The analysis shows that the challenge is not enough to lead to the end of the national state. It is the important direction to realize the self perfection and development of the nation state through the coordination of national and social, market and international systems.

Keywords: nation state; "decentralization"; ethnic nationalism; local government; national capacity building

社会组织发展与国家权力的运作[*]

——基于上海市 XJY 的实证研究

罗敏闻　刘玉照[**]

摘　要: 在过去十几年中,社会组织大量涌现,作为国家与市场之外的"第三部门",在通过"政府购买"形式承接社会公共服务的同时,也获得了国家权力的使用许可。本文通过对一个提供中介服务的社会组织组建、组织架构、业务运作及工作评估四个方面的考察发现,社会组织的发展壮大,在一定程度上弥补了国家治理能力的不足。社会组织在获得一定自主性的同时,也在一定程度上缓和了国家与社会的对立关系。

关键词: 社会组织;国家与社会;国家权力

一　问题的提出

改革开放之前,中国社会大多以单位制形式组织,高度组织化的科层制结构使得当时政府拥有强大的社会掌控力,社会的整合与管理都以政府为主导。当时整个中国社会是"以党政组织为核心的社会建构体系"(林尚

* 基金项目:上海市政府决策咨询研究重点课题"本市居委会等社会基层组织权责问题调研"(2014 - A - 11 - C);上海市教育委员会、上海市教育发展基金会"曙光学者"项目(09SG40)。

** 罗敏闻,上海大学社会学院社会学系硕士研究生,E-Mail: luominwen@ yeah. net;刘玉照,上海大学社会学院教授,主要从事组织社会学、城乡社会学研究,E-Mail: liuyuzhao@ shu. edu. cn。

立，2007），社会结构呈现总体性社会的特征——"整个国家按照统一计划、集中管理、总体动员的原则被组织起来"（孙立平、王汉生、王思斌等，1994）。改革开放之后，我国的社会结构从总体性向分化性转变，在断裂中伴随着转型（孙立平，2004）。中国社会开始慢慢发育，随着经济的多元化发展以及社会群体利益的多元化，社会阶层不断分化，社会整合开始重新建构，社会的组织化需求越发强烈。

据民政部《2014 年社会服务发展统计公报》的数据①，截至 2014 年底，全国共有社会组织 60.6 万个，比上年增长 10.8% 。其中，社会团体共有 31万个，比上年增长 7.2%；基金会 4117 个，比上年增加 568 个，增长 16%；民办非企业单位 29.2 万个，比上年增长 14.7%。2013 年召开的第十三次全国民政会议上，时任国务院总理温家宝强调，政府的事务性管理工作、适合通过市场和社会提供的公共服务，可以适当的方式交给社会组织、中介机构、社区等基层组织承担。基于此，广东省人民政府正式公布第一批具备承接政府转移职能和购买服务资质的社会组织目录，拓宽了社会组织发展的空间。而在上海，社会组织的数量也在逐年攀升，具体见图 1。

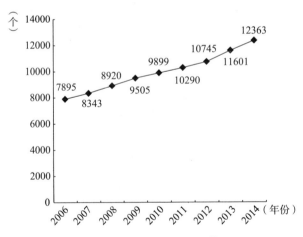

图 1 上海社会组织发展趋势图

资料来源：《上海社会组织基本业务统计数据》，http://www.shstj.gov.cn/YWSJ.aspx。

社会组织是现代社会最重要的细胞，对于弥补"政府失灵"、"市场失

---

① 《2014 年社会服务发展统计公报》，http://www.mca.gov.cn/article/zwgk/mzyw/201506/2015060
0832371.shtml。

灵"具有不可替代的重要作用（姚华平，2010）。政府将部分基层社区的公共服务以"政府购买"的形式交给社会组织来提供，让较专业的社会组织来承接政府转移的职能，对于推动社会组织发展起到了很大的促进作用。但是，在政府通过购买服务推动社会组织发展的过程中，国家权力是如何被运作的？社会组织的发展是加强还是削弱了国家权力？本文将通过对上海市某街道下属的社会组织 XJY 进行深入的个案研究，来对这些问题做一分析。

二　个案简介及调查情况说明

根据 2011 年 4 月新修订的《上海市住宅物业管理规定》（以下简称《规定》），街道办事处负责落实辖区内居民住宅小区的综合管理工作制度，指导监督业主大会、业主委员会组建、换届选举及相关日常运作。《规定》将原属房管局的管辖职责转移到街道办事处，但由于街道办事处缺乏专业管理人员，在相关治理工作中无法妥善处理社会管理和物业管理的原生矛盾，小区居民不断要求落实"加强物业管理、维护自身利益、参与社区自治活动"①。在社会组织大量涌现的时代背景下，为了从根本上解决专业人员紧缺的问题、更好地服务社会民众，2011 年 10 月，上海市虹口区 XJY 建设与合作事务所（以下简称 XJY）在上海市虹口区房管局和 LC 街道办事处共同扶植下挂牌成立。XJY 在上海市虹口区社团管理局备案，虹口区 LC 街道办事处为其主管单位。XJY 承接的主要业务包括指导监督业主大会、业主委员会组建和换届选举，以及售后公房物业服务达标补贴检查、验收、考核、评估，附带处理与以上两项内容有关的业主矛盾。2012 年，XJY 被评为上海市加强和创新社会管理"十佳示范案例"，现在，其业务已经遍布上海市虹口区的 8 个街道，总部设在 LC 街道。

课题组从 2013 年开始对该个案进行跟踪研究。笔者之一除了在 XJY 办公地点随同其工作人员一同办公、查阅相关项目备案材料和会议记录外，还参与了居民小区业委会组建、换届选举时召开的筹备组会议、业主大会、

---

①　访谈对象（BJZ）资料。

相关业主代表会议、业委会候选人座谈会，以及政府购买的定期项目评估会议和机构分所的成立大会、指导会议、培训等一系列与 XJY 相关的活动。在调研过程中，笔者跟随 XJY 工作人员走访了 LC 街道的大部分居民小区并参与观察其业委会的组建、换届选举过程，收集到十余个居民小区业委会的组建、换届选举个案，以及部分售后公房物业服务评估达标补贴的资料。其中，售后公房物业服务评估达标补贴业务的工作周期一般为 2~3 个月，在 XJY 的工作中所占比重较小，因此，本研究对 XJY 的讨论主要集中在业委会组建、换届选举上。

三 强政府下的非自主式组建

XJY 是在地方政府的动议下组建的，它的组建包含了政府职能缺失的诉求，也纳入了社会基层建设的需要，并不具备自主性，而是属于强政府下自上而下的组建形式（王名，2008）。

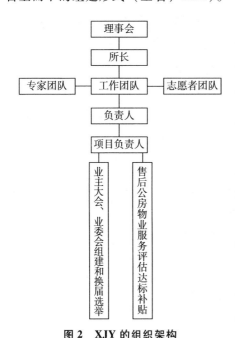

图 2 XJY 的组织架构

注：目前 XJY 的周老师兼任所长与负责人。

XJY 实行理事会领导下的所长负责制，理事长为法定代表人。目前，理事会成员由 XJY、虹口区房管局和 LC 街道办事处相关负责人组成。XJY 有三个团队：一是专家团队。XJY 聘请相关业务领域的专家，为其提供咨询服务、出谋划策。二是工作团队。由长期从事社区工作的职业社会工作者组成，主要负责具体工作的实施。三是志愿者团队。由各小区业主或居民中热心公益事业并为之服务和奉献的志愿者组成。具体组织架构可参见图 2。

XJY 组织架构中的工作团队是组织的主要组成部分，XJY 很多工作都是依托这个团队开展。目前总部常驻工作人员有 6 人，其中，周老师为 XJY 负责人。周老师曾任街道民政科科长，掌握较多的政府资源；项目负责人为郁老师，郁老师曾任闸北区某街道房屋管理办公室（以下简称房办）主任，对业委会与售后公房方面的工作及相关法律法规非常熟悉。周老师和郁老师是 XJY 组建初期的主要人员。随着 XJY 不断发展，相关业务量逐渐增加，因此新招了几名工作人员。除两位负责人外，目前还有顾老师、余老师、王老师和张老师。顾老师负责售后公房物业服务评估达标补贴等相关事宜。余老师和王老师是 XJY 分支机构的联络员。除此之外，余老师还负责编排内部通讯，王老师也负责协助处理 XJY 总部招投标及期中、期末检查的相关工作。张老师负责财务。XJY 的工作人员都是街道出面从自己的辖区内挑选、邀请来的。例如，顾老师和王老师就是街道出面找来的。顾老师在凉城街道某小区做过业委会主任，在业委会相关事宜处理方面能力较强。王老师原是社保中心的工作人员，现在只与 XJY 签约 2 年，其相关的工作档案、工资、社保等仍由街道负责，在一定程度上 XJY 只是借用这名工作人员。除了王老师是 XJY 向街道"借"的外，其他工作人员的工资都是由 XJY 自己承担，但社保金、养老金等由街道代其缴纳。

从 XJY 的组建背景和组织架构来看，其是自上而下在国家力量的主导下组建的。从整个工作团队的人员构成来看，两位主要负责人原来都是国家行政系统内部人员，受街道办事处和房管局的邀请成了 XJY 的负责人。其余工作人员也大都是街道出面直接"找"来的，而不是进行社会招聘。因此，XJY 是政府职能部门的延伸。从其组建历程来看，存在明显的国家法团主义特征。

四　组织运作过程中国家权力的选择性参与

XJY 的运作是以"政府购买公共服务"的形式进行相关资金的筹集，用以书面委托为主的契约式管理形式来推进相关业务工作。可将其运作机制理解为通过"政府购买"来确定其合法地位。XJY 的主要运作模式就是承接原属于政府部门的相关业务，并按相关业务的规定程序来开展工作。那么，在社会组织的具体运作过程中，国家权力在其运作的各个环节会体现出何种变化呢？笔者将 XJY 的运作分为业务承接、业务实施、业务评估等环节，并对在不同环节中运作的国家权力的体现进行阐述和分析。

（一）形式化购买的专业化服务

XJY 的运作基金主要来自三个方面：一是举办人注册启动资金，根据运作和发展需要，可以继续投入；二是项目经费；三是其他合法收入，例如，承接本社区以外的服务的收入。一般来讲，XJY 的运作资金主要来自项目经费，而项目经费则通过政府购买获得。由街道办事处在虹口区社会组织服务中心招标，其标的为两项，即"业主大会、业委会组建、换届选举"和"售后公房物业服务达标补贴检查、验收、考核、评估"。第一次竞标时 XJY 用创投标的方式向上提交申请，之后由政府采用竞标的方式来进行招标购买。周老师介绍说，"这两个标的是我们 XJY 自己设计的，是具有专利权的"①。具体项目经费的运作为，街道事先备案 30 万元，根据项目难易，进行上下 20% 的浮动。中标以后，先支付 50% 的经费，余下 50% 分期中与期末两次分付，期中评估合格发 30%，期末评估合格发 20%。招标是面向全社会相关服务组织的，但是郁老师表示："街道刚刚开始在社会组织服务中心招标时，有很多社会组织想来跟我们竞争，但是都竞争不过我们，这个必须是我们的呀。"② 周老师对此表示："我们的专业化程度高，而且就是这块片区居住的居民，我们比其他组织了解情况。第一次我们做得很好，第二次政府就很愿意给我们做了呀。"③ 在投标成功后，政府部门将相关业务交给 XJY，XJY 定期向政府提交相关材料或接受第三方评估组织的测评。

在 XJY 成立以后，地方政府为使其更好地运作，并获得合法性，建立了一套社会管理服务的招标系统，并专门制订了方案。具体步骤分为招标—投标—中标—委托产生四个环节，其中，招投标都是通过虹口区社会组织服务中心作为中介来实施。在初期阶段，还有其他同类竞标者参与竞争，但是，XJY 自成立之初便从未落标，所以，后期的招投标，投标者就仅

---

① 访谈对象（BJZ）资料。
② 访谈对象（BJYBX）资料。
③ 访谈对象（BJZ）资料。

有 XJY 一家了。虽然我们不清楚当时那些竞标者参与竞标的动机以及落选的具体原因，但是，XJY 从成立之初就带有的国家权力特征，以及国家权力对 XJY 组织的全面渗透，在一定程度上导致其他社会组织退场，最后，政府购买服务的招投标机制只能流于形式。当然，在购买服务过程中，开展招投标工作的是作为中介的虹口区社会组织服务中心，作为购买服务主体的街道并没有直接出面。在招投标过程中，XJY 与街道也没有直接碰面，但是这并不能改变这一购买所带有的形式化特征。

在有关"政府购买"社会组织服务的研究中，有部分社会组织被政府购买的是一种劳动力形式，而不是服务形式。有些自上而下组建的社会组织，由于国家权力太过强大，将其组建的相关需要进行了自上而下的铺垫，导致其核心组织被架空，成为政府购买的附着劳动力（范明林、程金，2007）。由国家权力组建的 XJY 在承接政府招投标项目的过程中，也在一定程度上带有帮助政府提供服务的特征。但是值得注意的是，XJY 在投标成功之后，具体工作的开展、协调等都由 XJY 自行决定，因此，XJY 并不是单纯依附在政府行政组织的旁侧，在一定程度上能够自行运转。因此，在这个案例中，政府购买的是一种专业化服务，而不是单纯的劳动力，因此是一种"形式化购买的专业化服务"。

（二）业委会换届中无政府参与的选举程序培训

居民住宅小区的矛盾冲突一直是社会基层治理的关键部分。小区的稳定发展，不仅与人们的日常生活有关，还牵动着社会安定和谐的神经。2011年《规定》将小区业委会的主管单位从房管局换为街道办事处。在相关业主大会、业委会的相关职能板块，街道办事处缺乏熟悉相关法律法规及法律程序的专业人员，新招专业人员专门从事该项业务所要承担的行政成本又太大，因此街道办事处与房管局共同牵头成立 XJY，将 XJY 定位为一个专门处理该项业务的专业机构。在与政府签订委托合同时，XJY 将代表街道担任业委会换届改选小组筹备组组长，统筹、引导业委会换届选举。经过这一转换，街道办事处将指导监督业委会换届选举的权力过渡给了 XJY。

目前，XJY 中负责业主大会、业委会组建、换届选举的是郁老师，XJY负责指导、监督业主大会、业委会组建、换届选举等相关事宜。具体工作方式为，由 XJY 代表街道进入社区，协助居委会召开业主大会，进行业委会的组建、换届选举。对业主大会、业委会组建、换届选举的整个过程，筹备组需要全程跟踪。2011 年《规定》将筹备组成员划分为 5 个方面的代表，分别为业主代表（不低于总人数的 1/2）、建设单位代表 1 名（换届不需要）、街道代表 1 名（由 XJY 代表）、房办代表 1 名、居委会代表 1 名。但在召开筹备组会议时，房办代表极少参加。对此，郁老师表示："他们一般都不来的，来也没用嘛！他们又不知道怎么做，有我们就好了。街道方面，就由我们代表，那个委托书有这个法律效应的。再说，街道和房办事情太多了，没有时间过来的。我们能够把事情做好，他们放心的。"① 因此，在此环节的每个步骤中，一般参与的仅有 XJY、居委会和业主三方。

在居委会方面，对于 XJY 第三方社会组织的参与，Z 小区居委会书记表示："其实我们也知道他们是什么组织，但是他们加入进来以后，对于法律程序方面是一个指导。虽然在解决小区业主之间人选矛盾方面，用处是不大的，不过，能有他们参与也挺好，我们省事很多。"② L 小区居委会书记表示："XJY 是第三方公益组织，也是街道那边委托的，我们也信得过。很多事情，都是他们做指导，我们来操作，这样走合法化程序，业主对于业委会换届选举程序这件事情的怀疑也好很多了。很多事情，我们都可以向 XJY 反映，都可以和他们一起商量，整个气氛还是很轻松的。因为我们居委会是一个协助的位置，他们是主要的指导工作主体，我们工作也轻松很多。"③

在业主方面，自从 XJY 介入以后，为了规范相关法律程序，许多业主被邀请参与自己小区的业主大会、业委会组建等环节的选举。以前做过业委会主任的顾老师表示："现在有 XJY 好多了！以前没有 XJY 的时候，那个业委会换届就是随便走走过程，不公开，不公示，主要有人来坐满，就好了呀。当时，我实在不愿意做业委会主任了，房管局的人天天来劝，没办法呀，那就做呗！以前，都是只要有人做就好的，有的小区业主甚至都不

---

① 访谈对象（BJYBX）资料。
② 访谈对象（BJS）资料。Z 小区为商品房小区。
③ 访谈资料（BJ20140422T）。L 小区为售后公房小区。

知道业委会的存在，也不知道业委会是干什么的。"① Z 小区来参加业主大会的业主表示："其实，我们是信得过 XJY 的，是第三方公益组织，很多事情都是公开、公正的，我们也不担心什么。再说了，他们要弄什么我们也不知道对吧？能来参与这些会，比以前要规范太多了。"② 对于 XJY 通过承接业务获得的国家权力在社区服务中的作用力度，业主表示："没有感觉到强制的感觉，很多都是可以向他们反映的，他们也会解决，也会给我们回应。比以前好多了，以前都没有好好参加过这种形式的会议（指业委会换届选举过程中的业主大会）。"③ 当然，在业主大会上也会出现对 XJY 的工作表示强烈怀疑甚至与 XJY 工作人员争吵的局面。

在进行业委会换届选举时，XJY 在相关业务的处理方面，拥有较多的话语权，这在 S 小区、D 小区、M 小区的选举中表现得比较明显。D 小区的会议记录中提到，由于小区业委会筹备组工作一直停滞不前，组建两年都没有发挥应有的作用，因此郁老师建议依据法律规定终止此届业委会筹备组的相关工作，并重新组建。到场的各位街道代表、房办代表和居委会代表都表示赞同，并积极回应郁老师的建议。在其余小区的档案材料中我们也发现了类似的情况，很多业委会在换届选举中遇到的难题，XJY 都可以依据法律法规解决，并且大都得到政府相关部门的赞同。从相关小区的归档材料和郁老师的会议笔记来看，XJY 在业主大会、业委会组建、换届选举方面有比较大的自主权，并且这种自主权是得到地方政府认可的。

由以上对调查资料的分析可见，XJY 虽然在承接政府转移职能的同时获得了授权，但是，其权威性并没有直接体现出来。从 XJY 方面来看，XJY 在自己承接的相关业务方面，有较大的自主空间，在很多工作场域和业务方面，并没有受到国家强制干预。从居委会和业主方面来看，两者在与 XJY 沟通的时候，更多的是基于对等的权力地位向其反映相关问题和情况。在某种程度上可以说，国家权力虽然以书面委托的形式向 XJY 实现了过渡，但在相关的工作实践中，XJY 并没有把此种权力与权威带入居民小区直接指

---

① 访谈对象（BJYG）资料。
② 访谈对象（BJZhang）资料。
③ 访谈对象（BJZhang）资料。

导工作，而是与社区居民和业主形成了比较平等的协商关系。

（三）完全独立的第三方评估

XJY 一方面需要完成通过"政府购买"形式产生的工作内容，另一方面还需要接受第三方评估机构的评估。项目评估分为期中与期末评估，评估内容有三个方面：一是 XJY 通过"政府购买"形式承接的业务完成情况；二是参考政府部门接到的关于 XJY 的投诉意见；三是所服务的业主反馈。

最近一次对 XJY 进行评估的机构是新力评估事务所（化名），评估现场只有 XJY 与评估机构。XJY 负责人周老师向评估机构工作人员汇报了相关工作。其间，评估机构工作人员如有疑问或者发现业务方面的漏洞就会要求暂停，请周老师做解释。这不是一种形式化的互动，而是为解决问题所进行的探讨。在检查售后公房评估达标补贴板块时，评估人员发现日期和相关备案不齐，便追问到底，并未顾及情面。评估结束之后，在 XJY 回避的情况下，对 XJY 服务的小区业主进行访谈。现场评估结束后，评估机构会出具一份评估报告交给委托方，即实施招标的政府部门，最终这份评估报告会作为 XJY 规划未来工作的参考。

评估方与被评估方都是基于政府购买服务而出现在同一场域，两者之间是评估与被评估关系，而不是上下级的科层关系。评估机构在评估时按照政府提供的评估列表进行相关资料的核对，并不干涉其具体工作方式，也不对 XJY 的具体工作做指示。两者虽然与政府购买服务相关，但是在互动过程中，并没有国家强制力的推动或控制。因此，在此过程中，国家权力并未有太多的干预，而是在委托的形式下，将更多的权力空间释放给了处于评估两端的社会组织。

五　国家与社会的关系：进一步的讨论

社会组织是国家与社会之间的中介，在改革开放前，我国社会是一个总体性、高度组织化的社会，社会由国家以单位制的形式建构出来，"强国家，弱社会"模式是对当时国家与社会关系较好的描述。在改革开放过程中，中国社会结构发生了很大的变化，"强国家"的角色正在不断弱化，

"弱社会"也在慢慢发育。目前的大部分社会组织是基于国家需要而组建，带有国家主导的特征。以 XJY 为例，它处在国家与社会之间，一方面承担着基层社会管理的职能，另一方面也承担了为社会提供专业化服务的职能。经过 XJY 等社会组织的具体实践，国家与社会的关系将会发生什么样的变化？

（一）国家与社会关系的重构

1. 国家与社会组织关系的建构

就国家与社会组织的关系来讲，国家权力在社会组织组建初期，为其提供了一定的扶持。

首先，国家权力确保了社会组织的生存基础，让其依靠体制内资源维持初始运转。此时，国家与社会组织的边界并不是很明晰，两者在人员、办公场地等资源方面都有不同程度的重合。而此种重合是被动的，即由国家权力主导组建，形成了社会组织被动依附的格局。

其次，在政府招标过程中，国家权力在其中干预较多，一方面确保了对 XJY 的资金支持，另一方面也在一定程度上阻碍了其他同类草根社会组织的生存与发展。对体制内稀有资源的过度依赖，使社会组织在发展过程中形成了主动依附国家的局面。当越来越多的社会组织依附到国家旁侧时，在一定程度上就强化了国家权力对社会各方面的掌控。

但是，由于社会组织所提供社会服务的专业性特征，在具体工作实施过程中，社会组织也逐渐获得了一定的自主性和独立性。因此，国家与社会组织的权力建构，一方面强化了国家对社会的掌控，另一方面，社会组织在发展过程中也逐渐获得了一定的自由发挥空间。

2. 公众与社会组织关系的建构

在"强国家"模式下，社会组织由国家权力主导产生，是一个承上启下的部分——对上承接相关工作业务，对下实施具体工作业务。从基层社会的角度来看，社会组织的出现促进了基层管理工作的法制化和规范化，在社会组织深入基层开展工作的过程中，基层社会群众对社会组织逐渐包容，不再简单将其看作国家权力的变相渗透。在实际互动过程中，群众并没有明显感受到社会组织背后的国家力量，在很多具体事务的处理上实现了平等交流。

在业务评估阶段，评估机构不仅要对社会组织的相关标的完成情况进行检查，还要听取被服务业主的意见和建议。在这个环节，业主所代表的社会公众的参与在一定程度上拥有了影响社会组织运作的权力。此时，社会组织会听取业主的意见和建议，寻找最佳的运作方式，因此社会权力会对社会组织的运作产生积极的影响。

（二）"强国家"下的法团主义

根据法团主义基本观点（Chirot，1980）："国家应该是一个积极主动的行动主体，超然于多元化团体，并将它们整合进国家决策结构中，让每个团体都有公平的利益表达和实现机会，并让它们服从于国家的整体利益。这样，利益团体与国家的边界也就不再那么清晰，它们的联系都是制度化、常规化的，甚至是强制性的。此外，与多元主义中的利益团体主要注重私利不同，法团主义中的利益团体需要在私利与公共责任之间进行协调，即法团不是一种纯粹私利性的压力群体，而是一种公共机构，兼具利益代表和公共责任履行职能。"吴建平（2012）认为"法团主义假定国家是一个公正的中间人角色，社会团体与国家建立长期的合作关系，可以避免团体中间的强制，因为所有的社会团体都能被体制包容进去，让它们不仅是一种社会性组织起来的利益代表团体，自下而上地承担利益代表和维护职能，而且也让它们兼具公共机构的角色，自上而下地承担起履行公共责任的职能，从而实现国家与社会之间的有机整合"。

作为社会组织，XJY 在组建和初期运作时高度依赖国家权力，但是在后期的运作中，通过专业化的服务，逐渐改变了政府原来的工作方式，获得了很大的自主性，并推进了一些社会政策的制定，呈现一定意义上的法团主义雏形及"自上而下嵌入体制"、"国家授予垄断权"、"功能与活动领域明确"等特征（张静，2005）。具体表现如下。

（1）自上而下嵌入体制。法团主义认为，随着社会"自组织"的发育被国家认可，国家逐渐将其纳入制度内，以公共机构的角色履行公共职责。XJY 的组建不但高度依赖国家权力，而且其通过"政府购买"从旁侧承担了政府部门的社会服务管理职能，虽然其逐渐获得了一定的独立性，但其主要资源的获取仍然高度依赖地方政府。

（2）国家授予垄断权。法团主义认为，虽然社会"自组织"被认可后，能在各自范围内专享国家授予的垄断权，但在其价值、规范的内化过程中必须接受政府的干预和引导。从 XJY 的运作过程来看，在"政府购买"的竞标环节，一同参与竞争的社会组织随着招标次数的增多而逐渐减少，最后发展为 XJY 专享。这一方面体现了国家的保护作用，另一方面，XJY 也在工作实践中不断证明其专业性，不断巩固其垄断地位。

（3）功能与活动领域明确。法团主义认为国家与社会之间允许少量、功能分化的社会"自组织"在特定的功能领域内活动，组织之间不存在竞争关系。XJY 在工作中体现的专业性，不断巩固了其垄断地位，随着业务范围的扩大，XJY 的专业性也逐渐得到社会的认可。

根据以上分析，在国家与社会的关系中，一方面，国家通过社会组织强化了对社会的掌控；另一方面，通过社会组织的服务，国家与社会的对立关系得到了缓解。通过国家与社会双方对社会组织的建构，法团主义的社会形态初具雏形。随着国家法制建设的不断完善，市民社会进一步发展，中国社会的法团主义又会产生新的特征，国家与社会的关系又将呈现新的特点。

【参考文献】

范明林、程金，2007，《核心组织的架空：强政府下社团运作分析——对 H 市 Y 社团的个案研究》，《社会》第 5 期，第 114～133 页。

林尚立，2007，《两种社会建构：中国共产党与非政府组织》，载王名主编《中国非营利评论》第 1 卷，社会科学文献出版社，第 1～14 页。

孙立平，2004，《转型与断裂》，清华大学出版社。

孙立平、王汉生、王思斌等，1994，《改革以来中国社会结构的变迁》，《中国社会科学》第 2 期，第 47～62 页。

王名，2008，《中国民间组织三十年——走向公民社会》，社会科学文献出版社，第 192～198、290～301 页。

吴建平，2012，《理解法团主义——兼论其在中国国家与社会关系研究中的适用性》，

《社会学研究》第 1 期，第 174～198 页。

姚华平，2010，《国家与社会互动：我国社会组织建设与管理的路径选择》，华中师范大
学出版社，第 103～108、113 页。

张静，2005，《法团主义》，中国社会科学出版社。

Chirot, Daniel. 1980. The Corporatist Model and Socialism: Notes on Romanian Develop-
ment. *Theory and Society*, Vol. 9, pp. 363 –381.

The Development of Social Organization
and the Operation of State Power
—The Empirical Research Based on XJY

Luo Minwen, Liu Yuzhao

School of Sociology and Political Science, Shanghai University

Abstract: In the past ten years, China's social organizations havebeenestab-
lishedlargely, as the "third sector", outside state and market, which undertake
social public services through "purchasing" form, and has also received permis-
sion to use the state power at the same time. In this paper find that make up for
the lack of governance capacity, they gain some autonomy, and, to a certain ex-
tent, ease the rivalry between state and society, by the description ofthe establish-
ment form, organization structure, business operation and assessment of the
"XJY" social organization in the four parts of the work.

Keywords: social organization; state and society; state power

开发社会组织党建资源的要素分析

——基于上海市 A 区的调查[*]

郑晓华　孙新生　邱忠霞[**]

摘　要： 开发社会组织党建资源是基层党组织凝聚社会力量、服务社会的重要内容之一。本研究从社会组织党建的组织要素、制度要素、运行机制要素以及人员要素等核心要素出发，以上海市 A 区社会组织党建工作为实证案例，分析了社会组织党建影响要素，指出社会组织党建的服务功能定位、党建组织架构的开放性设置、有力的资源制度保障、责任到位分类协同的灵活运行机制以及基层党建排头兵的选拔和培育等是开发社会组织党建资源的有效手段。

关键词： 社会组织党建；党组织功能；党组织结构；党组织运行机制

一　问题的提出

党的十八大报告提出"改进政府提供公共服务方式，加强基层社会管理和服务体系建设，增强城乡社区服务功能，强化企事业单位、人民团体

———————

[*]　本文为上海市徐汇区组织部校区合作项目成果。

[**]　郑晓华，上海交通大学国际与公共事务学院讲师、硕士生导师，研究方向为政治学理论、基层治理，E-Mail：ching6666@126.com；孙新生，上海市徐汇区组织部，E-Mail：sxs@xh.sh.cn；邱忠霞，上海交通大学国际与公共事务学院博士生，E-Mail：qiuzhongxia1004@126.com。感谢参加项目调研的戚颖璞、张彬倩、顾佳雯同学。

在社会管理和服务中的职责，引导社会组织健康有序发展"。党的十八届二中全会审议通过的《国务院机构改革和职能转变方案》提出，四类社会组织可直接向民政部门申请登记，不再需要业务主管部门审查同意。相关政策的出台为社会组织的发展提供了更大的空间。进一步转变政府职能，发挥社会组织在提供公共服务、参与社会治理中的作用成为今后治理社会的必然选择。在促进社会组织发展的同时，需要警惕社会组织发展失控的危险。党在社会组织发展过程中承担服务者、引导者、监督者、信息整合者和教育管理者的角色。加强社会组织党建工作、发挥党组织对社会组织的引领作用，对推动社会组织健康有序发展、维护社会稳定、联系群众而言具有重要意义。党的十八届三中全会审议通过的《中共中央关于全面深化改革若干重大问题的决定》指出，"创新基层党建工作，健全党的基层组织体系，充分发挥基层党组织的战斗堡垒作用"。新社会组织党建工作是党的基层组织建设的一个重要领域。面对不断扩大的发展空间和有利形势，社会组织的党建工作要同步跟进，以确保社会组织正确的发展方向，发挥党组织对社会组织的服务功能。在如何推进社会组织党建工作上，上海市积极进行探索。

上海市社会组织发育比较早、发展比较快，在全国处于较为领先的地位。其中，A 区的社会组织在上海市社会组织中占较大比例和重要位置。2014 年 4 月，上海市民政局出台《上海市社会组织直接登记管理若干规定》（沪府办〔2014〕18 号），指出"在本市范围内新成立行业协会商会类、科技类、公益慈善类、城乡社区服务类等四类社会组织，可直接向社会组织登记管理机关依法申请登记，不再需要业务主管单位审查同意"。这一规定的出台为上海市社会组织的培育和发展提供了更广阔的空间。在促进上海社会组织发展的同时，上海市各级党委对加强社会组织党建工作高度重视，社会组织的党建工作得到加强，但同时也应看到，社会组织党建工作起步晚，涉及面广，创新的难度较大。社会组织类型多样，规模较小，人员流动性大，党员人数较少，且大多为兼职人员，开展社会组织党建工作难度较大。社会组织的党建模式在管理架构、活动开展、作用发挥等方面还不够成熟。因此，亟须加强研究，突破现有瓶颈，找到适合社会组织特点的党建新方式。

2014 年 7～9 月我们与上海市 A 区社工委开展合作调研，先后到该区两个社会组织孵化园蹲点调研，组织召开科委、教育、卫生、民政、团委、街道等地区/系统社会组织座谈会，听取他们的意见/建议，对全区社会组织的业务类型、活动方式和党建情况进行了解。

二 文献综述和分析框架

有着独立价值判断的社会组织在我国可以说是个新兴事物，社会组织要不要发展党建工作的议题很早就引起学界与实践部门的关注。1996 年第 7 期《党建研究》上发表了一篇文章——《关于"新社会组织"党建工作的调查》（刘永富，1996），首次在学术层面提及新社会组织党建问题。最初学者们对社会组织党建的提法有所争议，有学者认为将民间组织纳入党的运行轨道会限制其自主性，甚至导致政治冲突（檀雪菲，2007）。基于对党的宗旨和国情的共识，最终确定党在社会组织发展过程中承担服务者、引导者、监督者、信息整合者和教育管理者的角色，这是社会组织党建工作的积极意义。

现有文献对党建工作开展路径、方式都有所探讨。2007 年，党的十七大报告提出"要落实党建工作责任制，全面推进农村、企业、城市社区和机关、学校、新社会组织等的基层党组织建设"。十七大报告对新社会组织党建的强调进一步激发了学术界对新社会组织党建的研究热情，相关研究成果主要集中在以下几个方面：①党建组织功能定位，认为党对自身在社会组织中的功能定位较为模糊（秦海涛、王世谊，2009）。与此同时，有学者指出，社会组织党建的根本意义在于重构党与国家、社会的权力格局，必须具有以人为本的服务理念（张圣友，2008）。还有学者认为，党建需要坚持间接干预和公益导向（康晓强，2011）。学者彭贵刚比较了京、沪、渝三地"两新"社会组织党建工作机构，他认为"两新"社会组织党建需要强化服务意识、工作职责，贯通管理体系（彭贵刚，2008）。②社会组织管理体制带来的问题，认为从社会组织角度而言，双重管理体制导致准入门槛高，较多的社会组织难以"合法化"。此外，党对社会组织管控过多（刘勇进，2011）。党组织的功能具体可分为扶植社会组织发展的管理服务体系、建立有效的党组织管理体系以及资源保障体系（张圣友，2008）。③党建工作本身的问题，认为目前党建工作影响力较弱、覆盖面小、管理不顺、组织活动开展困难。原因在于：第一，党务工作者少；第二，组织党员少；第三，党建资金保障不足（卢林，2013）。④社会组织与党组织的关系，有学者认为社会组织内部对党建工作的排斥也是党建难题形成的重要原因。社会组织管理者受国际经验影响，崇尚自由氛围，认为政党与社会组织需要相互独立（陈家喜，2012）。⑤党建组织平台。有学者认为应通过协调整合，搭建沟通平台与信息综合平台，提高党组织在社会组织中的形象（康晓强，2011）。⑥社会组织党建管理体制机制。实践部门关注区域性党建机制，有学者在总结广东省社会组织党建管理体制主要模式、存在问题的基础上提出了创新管理体制的政策建议，分层、分条块、分级别进行管理（方向文，2007）。中共无锡市委组织部课题组（2007）注重对无锡市"两新"社会组织党建工作体系的调查工作，提出建立新社会组织工委会、社会组织党总支部委员会以及党建工作指导中心作为管理体制改进措施。严宏（2010）指出科学的领导体制是开展新社会组织党建工作的重要前提，要建立科学的新社会组织党建工作领导体制，其基本途径是：完善党委统一领导、多方共同参与的领导体制；建立健全新社会组织党建工作责任制；加强新社会组织党建工作的针对性，建立新社会组织业务工作与党建工作一体化领导体制。通过梳理相关文献笔者发现，大部分研究对社会组织党建工作存在的问题及其应对策略的某些方面进行了研究，但区域实践研究多，系统性研究欠缺。特别是四类社会组织可以直接向民政部门申请登记等规定的出台在为社会组织的发展提供广阔空间的同时，也对社会组织党建工作提出了挑战。

综上，社会组织党建工作是中国共产党加强基层党建工作的重要组成部分，也是中国特色的组成部分。社会组织的发展离不开执政党的领导和引导，对社会组织党建工作的系统性和完整性仍需探索。本研究在已有成果的基础上提炼社会组织党建的核心要素并构建以下分析框架。

社会组织党建，从社会组织层面来看，社会组织是土壤和基础，社会组织的发育状况、社会组织内党员的存量和增量影响党建工作的发展；从党员与党组织来看，党员和党组织是社会组织党建的连接纽带和组织网络。党建从革命时代发展到今天，主要有科层制的行政方式与服务方式两种，并且在不同的领域发挥不同的作用。就体制内而言，党组织与行政的契合形成事实上难以分离的科层化行政方式；而就体制外具有独特价值情怀的各类社会组织而言，其党建工作应在增强自身凝聚力的基础上以方式上的协商与内容上的服务为主体。党建工作与社会组织的衔接依党建方式与社会组织类型的不同存在显著的差异，而组织要素、制度要素、运行机制要素及人员要素是一个组织建立与运行的核心要素，前两者是组织运行的价值基础、组织载体和保障，后两者是组织能否有效运行和高质量运行的条件。因此，本文根据社会组织的核心特征与我国社会组织在基层实际运行的情况，构建社会组织党建影响要素的分析框架。以对上海市 A 区的实证调查为例，分析社会组织党建的影响要素。

三　A 区社会组织党建影响要素分析

（一）社会组织党建概况

A 区立足区域发展实际，坚持培育发展与规范管理并重，推动社会组织发展，社会组织数量、员工数、资产规模和影响力等逐年上升。目前，在 A 区社团管理部门登记注册的社会组织共有 724 家，在全市仅次于浦东新区和闵行区。其中，社会团体 147 家，民办非企业单位 577 家，共涉及业务主管单位 55 家。社会组织数量位列前十的分别是：教育 203 家、民政 118 家、人保 69 家、文化 49 家、体育 45 家、科协 22 家、残联 14 家、科委 14 家、团区委 12 家、妇联 10 家、H 街道 9 家。社会组织已初步形成一定规模，共有从业人员 15836 人。其中，专职人员 10290 人，占 65%；兼职人员 5546 人，占 35%。从国际通用的衡量指标万人社会组织拥有情况来看，A 区常住人口每万人拥有社会组织 6.4 家，高于上海平均水平（4.8 家），在全市排在前列。此外，该区还有律师事务所①137 家，律师 1984 人，律所数量位居全市前列。现有民营

---

① 对于律师事务所属于企业还是社会组织，目前法律法规并无明确规定。民政部 1999 年出台的《民办非企业单位登记暂行办法》，将法律服务业作为可以创办民办非企业单位的十大行业之一。上海市委组织部在《中国共产党党内统计年报表》填报说明中，也未将律师事务所纳入企业类别，而是将律师事务所、会计师事务所与社会团体、民办非企业单位、基金会列为一大类。目前，不少省区市将律师事务所纳入社会组织范畴，作为社会组织党建工作的对象。

医疗机构① 146 家（其中 2 家作为公益性机构在区社团局注册，绝大部分作为经营性机构在市场监管部门注册），其中医院 11 家，门诊部 95 家，个体诊所 40 家，共有员工约 3600 人。截至目前，A 区党建工作实现了全覆盖，建立社会组织党组织 171 家，其中党委 1 家，党总支 9 家，独立党支部 113 家，联合党支部 48 家。覆盖社会组织 273 家，组织覆盖率为 27.14 %。②

（二）社会组织党建影响要素分析

A 区委从占领社会新兴领域、巩固党的执政基础、推动社会组织发展并参与社会治理创新的角度出发，非常重视社会组织党建工作。

1. 社会组织党建的组织要素分析

（1）明确社会组织党建的服务功能定位

党组织嵌入社会组织不仅仅体现为党组织覆盖面的扩展和与社会组织中的党员建立联系，更重要的是体现党组织的有效性，避免组织空转。党组织能得到嵌入客体的支持和认同，是党组织有效运行的前提条件（罗峰，2009）。

首先，价值引领达成共识，引导社会组织有序参与社会建设，发挥其作用。引领推动社会组织文化建设，严格党员教育管理，增强党员的法治意识和纪律意识，引导社会组织牢固树立法治意识，建立健全内部治理结构，确保社会组织规范化运作。

其次，找准党组织有效运行的功能"突破口"和"切入点"——服务导向。从社会管理的角度，党的领导体现在执政与服务两大领域。目前已形成科层制治理模式，即党建全覆盖和归口管理。在社会组织的权益属性、诉求、社会功能等方面，要避免科层制治理的负效应，需要秉持服务理念，才能调动社会组织的积极性（吴新叶，2013）。A 区万人社会组织拥有量虽然排在全市前列，但不仅低于美国、日本、法国等发达国家 50 家以上的数

---

① 《民办非企业单位登记暂行办法》将民办医疗机构纳入民办非企业单位。上海市政府 2003 年下发的《关于本市促进社会办医发展民办医疗机构的若干意见（试行）》规定，社会办医疗机构在取得医疗机构执业许可证后，属于经营性的到工商部门办理企业登记注册，领取营业执照；属于公益性的到民政部门办理民办非企业单位登记注册，领取登记证书。

② 截至 2014 年 12 月的数据统计。

量，还低于发展中国家 10 家以上的平均数，与上海国际大都市的定位不相符合，大部分社会组织规模小，从业人员总数少于 10 人的社会组织有 450家，占总数的 44.73%；专职人员少于 10 人的社会组织有 531 家，占总数的52.78%；规范化程度低，5A 等级社会组织或旗舰式社会组织以及社会组织领军人物还未出现；部分社会组织运营困难，无心开展党建工作；不少社会组织属于"草根"型，处于初创期，规模小、资金少，为维持基本生存和发展，将大部分时间和精力都放在寻找项目和资金来源上，对党建工作的关注度不够。[①] 在调研中，一些社会组织负责人提出，他们最需要党组织在社会组织的专业服务与社会需求对接上帮一把，为社会组织作用的发挥开辟顺畅的通道。

最后，推动社会组织更好地服务社会。在服务群众和社会组织发展的过程中，借助好的作为赢得自身的地位。强化上级党组织对基层党组织的服务功能，为社会组织党建工作提供有力的资源支撑和保障，以社会组织党组织为纽带，推进党的政策、政府服务、先进文化进社会组织，让社会组织更便捷地享受政府公共服务，推动有利于社会组织发展的政策创新，促进社会组织大发展、大繁荣。以 A 区党委、政府成立的某孵化园为例，先后有 4 批共 19 家社会组织接受孵化园的引导，其中 15 家社会组织入驻孵化园，它们大多是在政府部门的支持下成立的，孵化园区为社会组织的运营、管理、搭建平台等提供相应的服务。[②]

（2）社会组织党建的组织结构要素分析

社会组织党组织设置形式主要有独立党支部、联合党支部、临时党支部和党建联络员等。但在实际运作中，由于社会组织党员人数少，甚至没有党员，以及部分专职人员中退休党员的组织关系挂靠原单位等，符合建立独立党支部和联合党支部的社会组织数量偏少，临时党支部、党建联络员等未被纳入上级党组织的管理，主要是应付登记、年检，事实上作用甚微。同时，联合党支部的组织形式也存在一定的局限性，虽然能将党员纳入党组织的统一管理，但党员缺少作用发挥的平台载体，在职工群众中的

---

① 2014 年 7 月 17 日对某社会组织党支部书记 G 的访谈。

② 2014 年 7 月 10 日 A 孵化园访谈记录。

政治核心作用和在社会组织发展中的促进引领作用无从谈起。A 区创新社会组织党建的组织架构，以开放灵活的方式实现对社会组织的全面引领。

一方面，建立完善的社会组织党建管理体制。参照市委组织部、市社工委、市社团局确定的市级层面社会组织党建工作管理模式，A 区社会组织党建工作按照"行业归口、分级管理、区域托底"的基本原则，对新登记的行业协会商会类、科技类、公益慈善类、城乡服务类社会组织的党建工作，实行行业归口管理；已登记的社会组织，逐步调整到位。经行业主管部门与现有管理部门协商，也可以维持原有管理关系不变。对于未登记备案或已纳入街镇服务网格的社会组织党建工作，继续以街镇为主进行管理。行业主管部门党组织和街镇党组织要加强"条""块"联动，整合资源，协调配合，形成社会组织党建工作合力。其中，区委组织部（区社工委）要加强对社会组织党建工作的宏观指导和前瞻性研究，完善党建工作体制机制，检查党建工作的落实情况。区社会组织综合党委设在区民政部门，由民政部门作为抓社会组织党建工作的责任主体，结合登记管理业务抓党建，具体负责领导无业务主管部门的社会组织和归属民政部门登记管理的社会组织的党建工作，指导、协调除区司法局、卫计委、科委等已建立行业党委的行业主管部门对口管理的社会组织党建工作。行业主管部门社会组织党委（党总支）和街镇社区党委，负责管理本行业、本地区社会组织党建工作。社会组织党支部负责具体落实党建工作。通过建立四级管理体制，形成区委统一领导，区委组织部（区社工委）牵头抓总，区社团局协调指导，行业主管部门、街镇各负其责的社会组织党建工作格局。

另一方面，建立开放的党建组织架构。适应社会组织发育薄弱、党员数量较少等特点，按行业相近、地域相邻的原则，建立联合型党组织、党的工作小组和活动型党组织，以开放的党建姿态调适党组织组织架构。

一是建立联合型党组织①。根据社会组织兼职人员多、专职人员少，以及部分专职人员中的党员不愿将组织关系转到社会组织等实际情况，积极采取联合组建、挂靠组建、楼宇联建、行业联建等形式建立党组织。对于正式党员不足 3 名的社会组织，按照"类型相近、行业相通"的原则，与

①　A 孵化园党建模式。

兼职工作人员中的党员、同一业务指导单位所属社会组织或社会团体个人会员中的党员等联合建立行业性联合型党组织，实现"应建尽建"。兼职工作人员和社会组织或社会团体个人会员中的党员不需转移组织关系，不需向联合型党组织缴纳党费。同时，在兼职工作人员、社会组织或社会团体个人会员中的党员中推行双重组织生活制度，不断增强党组织对职工群众的凝聚力、向心力和对社会组织发展的促进引领作用。

二是建立党的工作小组①。在规模较大、社会影响力较大的社会团体理事会中，建立党的工作小组。在社会团体理事会换届时，同步建立党的工作小组，任期与理事会任期相同。根据理事会成员数，组成人员一般为3～5人，设组长1人；规模较大的社会团体理事会组成人员可以为7人，设组长1人和副组长1～2人。理事长为中共党员的，一般由理事长兼任党的工作小组组长；理事长为非中共党员的，则由副理事长中的中共党员兼任组长。党的工作小组要坚持党的政治领导，把握正确的政治方向，发挥政治核心作用，定期或不定期召开会议，积极参与社团重大事项的讨论、决策，提出意见和建议。党的工作小组成员不需要转移组织关系、不需要交纳党费。

三是建立活动型党组织②。对于未在社团管理部门注册或备案的草根类社会组织③，在没有专职人员或专职人员中无党员的情况下，鼓励建立活动型党组织。明确在本组织兼职党员中推行双重组织生活制度，党组织每年至少开展2次组织活动。通过建立活动型党组织，将党建工作融入草根类社会组织的业务工作中，推动草根类社会组织在条件成熟时进行备案登记，保持组织的非营利性，引导和监督做好经费及有关资金的使用管理。

2. 社会组织党建的制度要素分析

第一，实现社会组织党建组织全覆盖。在建立党组织过程中，A区不仅仅注重党员人数是否符合条件，更注重建立党组织的成熟度，如党员队伍是否稳定、是否有合适的书记人选，确保建一家、成一家，不仅能够建得

---

① A区教育培训类联合党支部。
② T社会组织党建模式。
③ 一般是指由基层群众自发成立，以提供社会公共服务为目的，因达不到法定登记条件暂未登记注册的，或者其他原因尚未登记注册的非营利性社会组织。

起来，而且能够活动起来、将作用发挥出来。比如，对于暂时没有合适的书记人选、党员流动性比较大的社会组织，A区按照"行业相近、地域相邻"原则，将社会组织中的党员及时纳入联合型党组织，逐步孵化建立独立党支部。在抓覆盖过程中，A区还注重调动方方面面的积极性，对律师事务所、民营医疗机构等专业性比较强的社会组织，明确党建工作由司法行政系统、卫生系统负责，并专门成立律师行业党委、民营医疗行业党委具体抓落实。对于不方便实行行业管理，或行业主管部门、业务主管部门暂时不具备管理条件的社会组织，由街镇综合党委进行托底管理，尽量做到全覆盖、无遗漏。调研发现，对于符合党组织建立条件的社会组织，A区基本已经做到党的组织全覆盖，完成党组织对社会组织的组织嵌入，每一名党员都能找到组织，都能被纳入党组织的教育管理，党员"无人管"的问题已经得到解决。此外，对员工中没有党员或专职员工中没有党员的社会组织，通过建立工会或设置党建联络员、建立党的工作小组等形式，实现党建组织的全覆盖。

第二，党建经费、党建资源有保障。对大部分社会组织来说，党建工作从"要我建"到"我要建"有个过程，只有通过上级党组织对基层党组织的服务支撑，通过党建促发展的实际成效，才能赢得社会组织的认同和支持。A区发挥党的政治优势和组织优势，统筹协调行政资源、社会资源，在加强社会组织党建保障上做文章，为基层党组织增强活力、发挥作用打下坚实的基础。比如，A区在区管党费全额返还的基础上，出台《关于规范、调整社区党建经费财政预算的通知》，将包括社会组织党建在内的"两新"社会组织党建经费纳入财政预算，明确独立党支部党员人均投入每年不少于300元，联合党支部党员人均投入每年不少于400元，按照人均每月不低于200元的标准拨付党支部书记交通和通信补贴（党委、党总支书记每人每月不少于300元），对每个新建立的党组织一次性拨给2000元的注册登记费用，等等。A区每年投入经费约1000万元。

第三，拓展党建资源。为破解社会组织资源匮乏、平台不足的现实难题，A区还重点将区域优质资源向社会组织党组织倾斜，推进落实"A区党员组织生活现场开放点"项目，确定钱学森图书馆、巴金故居、上海植物园、土山湾博物馆等10处开放点，推动A区党员大课堂、"缘聚A区"交友活动、职工文化体育活动等向社会组织开放，让党组织举办活动有平台、开展工作有资源。调研发现，大部分社会组织党组织对党建保障工作评价较高。一些社会组织党组织负责人和党员反映，自从建立了党组织，党员有了自己的"家"，党组织活动经费、场地都得到了较好的保障。有的党支部书记表示，建立了党支部，起码能保证社会组织健康发展，对社会组织解决自身发展问题也有不少帮助。

3. 社会组织党建的运行机制要素分析

第一，责任机制。社会组织管理缺乏统一标准，导致社会组织党建存在责任不清晰的情况。哪些组织适宜采取"行业管理"，哪些组织适宜采取"属地管理"，哪些组织适宜采取"主管部门管理"，并未形成统一标准，一定程度上导致党建工作主体不清、责任模糊交叉，容易形成党建工作的"空白地带"。实际工作中确定的区域托底原则，确保党建工作有人管。A区民营医疗机构和民办培训机构都属于规模较大、党建工作比较规范的社会组织。前者的党建工作由行业主管部门实行"拉条式"管理；后者的党建工作比较复杂，民办中小学的党建工作一般由教育部门统一管理，民办培训机构、幼儿园的党建工作则主要由街镇进行属地管理。调研时，一些民办培训机构党组织负责人认为，街镇"两新"社会组织数量大，街镇往往更重视纳税比较多的非公企业，对民办服务机构的党建责任还需进一步落实。

第二，分类协同机制。社会组织作为改革开放的产物，伴随经济社会的发展应运而生，类型十分多样。按照不同的标准可以进行多种分类。比如，按照社会组织的成立条件、性质、运作机制，可以将社会组织分为社会团体、民办非企业单位和基金会三大类；按照业务类型和活动领域，可以分为行业协会商会类、科技类、公益慈善类、城乡社区服务类、政治类、宗教类等；按照是否被纳入登记管理，又可以分为已被纳入登记管理的和没有被纳入登记管理的。但是，对开展社会组织党建来说，直接套用其中任何一种分类标准，都有可能模糊党建工作的重点，导致平均用力、事倍功半。A区党建研究会、思想政治研究会等社会组织完全嵌入区委组织部门，且工作对象都是体制内单位，完全可以被纳入机关党建范畴，将其与其他民间社会组织做同样的党建要求不是特别必要。对那些由民间自主发起、具有一定社会影响的社会组织，本应通过党建工作对其加以引导和服务，实际上党的组织和工作反而可能覆盖不到。比如，上海索益公益文化发展中心现有专职员工十余人，业务覆盖浦东等区县，先后承办"缘聚 A 区"等大型公益活动，具有较高的知名度和较大的发展潜力。调研中，该组织负责人提出一直想加入党组织，但由于该组织尚未建立党支部，不知道该向哪里提出申请。分类管理能使党建工作更加到位，有助于提升党建工作的效率和质量。

不同行业、类型的社会组织适用的党建运行机制不同，要适应社会组织的多元特点，分层、分类、分阶段推进，切实加强分类指导。在实践中，A 区不少街镇、行业已探索形成一些行之有效的做法。民营医疗行业党委搭建民营医疗机构与政府、民营医疗机构之间交流的桥梁，及时将党和政府的各项方针政策、信息传达至民营医疗机构，帮助他们进行项目申报、学科建设和奖项参评，组织民营医疗机构相互学习交流、开展项目合作，以服务赢得民营医疗机构对党建工作的认同。[①] 区律师行业党委注重发挥党员律师示范引领作用，特别是党组织负责人的组织协调作用，在律所与 13 家街镇结对、每周提供半天免费法律咨询的基础上，组织律师与 308 个居民区结对，参加 1 + 3 + 1（1 个党员领导干部，党代表、人大代表、政协委员各 1 名，1 名律师）"满意在 A 区、服务在基层"走访服务团队，律师专业服务优势在创新基层社会治理中得到发挥。X 街道依托社区社会组织服务中心，探索推进枢纽型党组织建设，组建街道社会组织孵化园联合党支部，发挥园区公益性社会组织多的优势，服务周边社区居民。[②] L 街道在推进居民自治工作中，注重发挥社会组织的专业支撑作用，引导 M 居民区注册成立上海 A 区 L 绿主妇环境保护指导中心（以下简称"绿主妇"），并筹备建立中心党组织，做到社会组织党建与居民区党建相互促进、相得益彰。[③]

第三，党建与社建联动机制。A 区党建和社建工作分别由区社会工作党委、区社会建设领导小组办公室负责，虽然工作推进有抓手，但部门之间

---

① 2014 年 8 月 1 日访谈记录。
② 2014 年 7 月 14 日访谈记录。
③ 2014 年 7 月 24 日访谈记录。

工作联动不多。社团管理部门在社会组织党建方面主要发挥协助功能，具体体现为在社会组织注册和年检时要求它们填报相关党建资料，缺少对社会组织党建工作的实质性参与。A 区以区域化思路推进社会组织党建工作，推动社会组织党组织融入区域化党建格局。科学设置街道社区党委，确保组成人员的代表性，调动社会组织、非公企业等各方力量参与社区治理的积极性；发挥社区党委统筹负责区域化党建、"两新"社会组织党建、居民区党建的职能优势，搭建社区自治、共治平台，推动政府部门将适合社会组织提供的服务交由社会组织承担，引导社会组织承接政府购买服务项目，并探索推进社会组织党组织与区域内国有企事业单位结对共建，促进不同体制、不同类型单位对接合作，为社会组织打破发展的天花板创造条件；进一步整合区域服务资源，推动组织生活开放点、党员大课堂等区域优质资源更多地向社会组织党员职工开放，委托社会组织承办区域化党建项目。A 区 M 居民区成立"绿主妇"社会组织是成功的实践。

4. 社会组织党建的人员要素分析

一方面，选好党组织排头兵。党支部书记在社会组织党建工作中发挥重要作用。社会组织党建活动的有效开展几乎都离不开一位负责能干的党支部书记，因此，选好党支部书记对社会组织党建工作的开展而言具有关键性作用。通过调研我们发现，A 区社会组织党建工作开展较好与那些工作经验丰富、热情高、能力突出的党支部书记密切相关。民营医疗机构党建工作取得的成绩与区民营医疗机构党支部书记 A 推动医疗行业党建工作的积极努力密不可分。[①] L 街道 M 居民区的"绿主妇"在促进居民自治过程中获得良好的社会声誉也与 M 居民区党总支部书记 S 的积极推动密切相关。[②] 选好社会组织党支部书记对基层自治、党建与社建工作的开展来说十分重要。调研发现，选拔党支部书记，一要从党务工作经验丰富的人中进行选拔；二要提高党务工作者的薪资待遇，调动其工作积极性，激发其工作活力。没有一定的物质保障，光靠一腔热情开展工作，难以保证党支部书记工作的持续性。因此，在开展社会组织党建工作时，要高度重视党务工作者的

---

① 2014 年 8 月 1 日访谈记录。
② 2014 年 7 月 24 日访谈记录。

聘用与选拔，同时要做好党务工作者的生活保障工作，为有经验、有能力、有热情的党务工作者发挥才能创造良好条件，实现党建人才资源的合理开发与利用。

另一方面，团结凝聚社会组织负责人。社会组织负责人的支持、认可程度如何，直接影响社会组织党建工作的成效。加强与"两新"社会组织负责人和业务骨干的联系，引导党员在社会组织中发挥作用，积极把他们培养成党员和党组织的负责人，从政策上、机制上、环境上、资金上研究制定领军人物、骨干队伍的培育规划，进一步明确领军人物的相关资格和条件。党支部要注重党员管理，建立激励、关怀、帮扶机制，把"党员服务"与"服务党员"结合起来，引导督促党员增强服务意识、提高服务本领，使党员在服务中凝聚群众，发挥先锋引领示范作用。提高党务工作者的工作保障水平，积极吸纳、招募有丰富工作经验的党务工作者参与到社会组织党建工作中来。与人力资源部门加强工作对接，建立社会组织人才库，将有规模、有影响力的社会组织负责人纳入全区人才培养序列，推荐其参加各级各类人才评选。提高社会组织人才在党代表、人大代表、政协委员中的比例，增加社会精英的自我实现机会。

社会组织党建工作，归根结底是做人的工作，而且是做处于经济社会发展最活跃领域的人的工作。只有把握他们的需求和所思所想，用他们能够接受的方式接近他们、联系他们、服务他们，才能赢得他们的认同和支持，发挥党组织的动员、组织、教育、引导作用。

四 总结

随着四类社会组织直接向民政部门申请登记等一系列措施的出台，社会组织的发展将呈现加速之势，并在承接政府转移职能、服务群众、参与社会治理创新中发挥更大的作用。当前社会组织整体发育质量不高，党组织要发挥服务功能，推动社会组织成长，实现对社会组织及社会的再组织和价值认同上的再凝聚。党联系社会公众和社会组织是党的优良传统，面对新社会组织的蓬勃发展，对党的执政功能、行政功能要进一步"开发"，体现党的代表性与先进性（景跃进，2005）。从 A 区的实践来看，党组织对社会组织服务功能的定位是社会组织能够开展党建工作的前提。在服务功能定位的基础上，适应社会组织的特点，采取相对灵活的组织结构和运行机制，实现党组织对社会组织由吸引到吸纳再到组织整合，在此过程中，党作为我国社会的主导力量，在党组织资源开发的制度设计、资源配置上发挥决定性的作用。在社会组织领域，现阶段党建工作的重点是组织人才的选拔和培养，这是党组织在社会组织中的生命。只有通过系统化的制度建设才能保障社会组织党建工作有效运转，并最终实现社会有序发展和社会稳定的目的。

目前 A 区的社会组织党建工作还应进一步适应时代发展，加强党建思维创新和工作手段创新，在党建工作上更加注重人性化、便捷化并提高党组织对社会组织的回应性。首先，实现党组织活动与社会组织活动的良性共振，在业务上增加社会组织与党组织的互动机会，党组织更多地借助社会力量开展党建工作，发挥社会组织的专业化服务优势，支持社会组织发展壮大，将党的教育、引导寓于服务之中。其次，利用现代科技持续推进党组织体制设置，提高社会组织党员参与的便捷性，构建党建沟通平台，增加党组织成员与社会组织成员的互动机会，选拔和凝聚党员。最后，坚持需求导向设计服务项目，增强基层党组织的社会化运作能力，提升各级党组织的服务效能和基层党组织的自我运转能力，使党员与党组织在创新社会管理、增强组织凝聚力上发挥更大的作用。

【参考文献】

陈家喜，2012，《我国新社会组织党建：模式、困境与方向》，《中共中央党校学报》第 2 期，第 36 ~ 40 页。

方向文，2007，《创新社会组织党建管理体制的探索》，《社团管理研究》第 3 期。

傅晓，2014，《上海市徐汇区社区社会组织培育机制研究》，上海师范大学硕士学位论文。

景跃进，2005，《执政党与民众的联系：特征与机制———一个比较分析的简纲》，《浙江社会科学》第 2 期，第 9 ~ 13、21 页。

康晓强，2011，《社区社会组织党建科学化的实现路径》，《社团管理研究》第 11 期，第

23～24 页。

蓝煜昕，2012，《社会组织管理体制：地方政府的创新实践》，《中国行政管理》第 3 期，第 48～51 页。

林立公，2009，《试论两新组织党的建设》，《政治学研究》第 5 期，第 42～51 页。

刘永富，1996，《关于"新社会组织"党建工作的调查》，《党建研究》第 7 期，第 28～29 页。

刘勇进，2011，《社会组织党建问题研究》，中国青年政治学院硕士学位论文。

卢林，2013，《新社会组织党建问题研究——以广东珠海为例》，吉林大学硕士学位论文。

罗峰，2009，《社会组织的发展与执政党的组织嵌入》，《浙江省委党校学报》第 4 期，第 31～37 页。

Patricia M. Thornton，2013，《"公民社会"还是"人民社会"：上海社会组织党建工作研究》，《中国发展简报》第 3 期，第 57～60 页。

彭贵刚，2008，《京、沪、渝"两新"组织党建工作机构对比研究》，《探索》第 3 期。

秦海涛、王世谊，2009，《新社会组织党建：现状、问题与对策——以江苏省为例》，《理论探索》第 9 期，第 55～57 页。

檀雪菲，2007，《关于新社会组织党建研究的若干问题》，《当代世界与社会主义》第 1 期，第 68～71 页。

王世谊，2007，《网络文化建设和管理：推进"两新组织"党建工作的有效途径》，《毛泽东邓小平理论研究》第 6 期，第 16～21 页。

吴新叶，2013，《走出科层制治理：服务型政党社会管理的路径》，《理论与改革》第 2 期，第 55～59 页。

严宏，2010，《提高新社会组织党建工作的科学化水平：以领导体制为视角》，《理论与改革》第 4 期，第 57～60 页。

张波，2014，《我国新社会组织党建工作若干问题研究——基于 2000～2013 年相关文献的分析》，《长白学刊》第 1 期，第 45～50 页。

张圣友，2008，《创新社会组织党建思路探索》，《兰州学刊》第 7 期，第 53～56 页。

中共无锡市委组织部课题组，2007，《突破传统党建体制瓶颈创新"两新"组织管理体系——关于构建无锡新经济社会组织党建工作管理体系的调查》，《江南论坛》第 6 期，第 31～33 页。

Factor Analysis the Sources Developing of Party in Social Organizations
—An Investigation on Shanghai's A District

Zheng Xiaohua

School of International and Public Affairs, Shanghai Jiao Tong University

Sun Xinsheng

Organization Department of the CPC Xuhui District Committee

Qiu Zhongxia

School of International and Public Affairs, Shanghai Jiao Tong Universtiy

Abstract: The sources developing of Party in social organizations is one of the important tasks for grassroots organizations in promoting social cohesion and social services. This study explores the role of Party position building, Party organizational structures, Party provision of security, Party operation mechanisms, Party provision of human resources, and other basic – level Party development by analyzing a case coming from A District in Shanghai city. This study shows that the definition of party's functions in social organizations; the open – mind style structure; effective security system; appropriate and flexible operational functions; human resources and development are the effective means for Party building in social organizations.

Keywords: party of social organization; the function of party; the structure of party; party operation mechanisms

当前公共服务型社会组织参与社会治理的模式[*]

孙莉莉[**]

摘　要：社会组织是社会治理横向协作机制中重要的组织载体，其能否获得参与社会治理的前提条件，已经不是一个简单的组织形态的发展问题，而是关乎社会治理体制健全的重大议题。聚焦公共服务型社会组织参与社会治理的模式是剖析社会治理体制的一个切入点。国家对公共服务型社会组织的认同度较高、培育发展公共服务型社会组织的局部政策创新活跃和公共服务型社会组织嵌入社会组织治理体制的政策安排缺失，在这种制度特征下，公共服务型社会组织形成了参与社会治理的单向协同模式，该模式揭示了当前国家与社会关系在中观层面的状态。

关键词：公共服务型社会组织；社会治理；参与；模式

一　问题的提出

社会组织（民间组织）作为一种显性社会力量出现在中国，开始于20世纪90年代，经历了20多年的发展，社会组织逐步成长为社会治理格局中的"协同"力量。当前社会组织参与社会治理形成了一种怎样的模式，这

------

* 基金项目：国家社会科学基金项目"特大城市基本公共服务均等化实现路径研究"（13BGL152）。
** 孙莉莉，上海工程技术大学社会科学学院副教授，主要从事组织社会学研究，E-Mail：sunoxygen@126.com。

是考察国家与社会互动关系的重要切入点。

"社会组织参与"是政府职能进一步转变和国家治理能力现代化推进的内在预设，这在学界已经达成共识。该预设隐含着一种观点：我国国家与社会的合作机制将会随着社会组织的广泛参与而逐步建立，并最终实现国家与社会关系的战略转型。因此，学界展开了对国家与社会合作关系的探讨。大部分研究从宏观层面探讨关系的总体演进，得出了"总体性社会"、"市场社会"、"社会发育"等结论，提出了社会组织"嵌入"国家的观点。一些研究从中观层面讨论了关系的实践状态，提出了"非对称性依赖"、"非协同治理"等观点。在多样的社会组织类型中，公共服务型社会组织与政府职能转移和国家治理能力现代化关系紧密，其参与社会治理的情况能够比较清晰地反映出国家与社会合作关系的进展。

不同于支持型社会组织，公共服务型社会组织直接而非间接地向一定群体提供服务；不同于互益型社会组织，公共服务型社会组织面向公众而不是某个特定群体提供服务，服务的原则是"利他"而不是"互利"。在政府职能转移和国家治理能力现代化进程的推动下，我国的公共服务型社会组织大量涌现，成为社会治理中的一个显著现象。本文从近年来发展迅速的公共服务型社会组织参与社会治理的制度环境和行动策略出发，围绕地方政府和公共服务型社会组织两方行动者的自由余地、关键资源和行动规则展开分析，研究其参与社会治理的模式，揭示国家与社会合作关系的状态，给出推进平等合作关系的一些思考。

二 行动者视角：将有组织行动作为组织研究的主体

行动者视角下的组织是一种行动者在权变的策略性行动中，用以维持和保证局部均衡的一种妥协的、暂时的动态秩序。从这个观点出发，组织不是一种自然形成的现象，而是行动者对行动领域进行建构和再建构的过程。"组织，既是一种容器，又是容器中的内容；既是结构，又是过程；既是对人类行为的制约力量，同时又是人类行为的结果。组织为集体行动实践提供了持久的条件与力量。组织的存在，无论在思想上还是在行动上，都具有深邃的意涵。"（费埃德伯格，2005）从组织决策分析者的论述中可以看出，组织并不是一种简单的工具性单位或整体性系统，而是一种人为建构的过程和结果。

组织决策分析者对组织的分析是从行动者的出场开始的。"具体地说，就是从反思和分析行动者及其行动目标和行动方式开始，来理解个体与组织之间的关系。"（李友梅，2001：138）一旦进入组织，行动者就要在某种程度上遵守组织的规则。但是，组织永远不可能从绝对的意义上对行动者的行动进行完全的限定，组织中的行动者不是消极的顺应者，而是积极的行动者，他始终拥有自己选择的自由与行动的自由，组织永远也不可能运用规则彻底剥夺作为主体的行动者的自由。不仅如此，组织中的行动者通常有多种身份，是多个组织的成员，有多种可供调动的资源，有自由行动的能力。"行动者从来都不是完全自由的，而是在某种程度上接受正式系统'征用'的。"（克罗齐耶、费埃德伯格，2007：46）因此，组织作为一种行动领域，对行动者既进行限制，也为行动者提供机遇，行动者在参与完成组织目标的同时，也在利用组织提供的机遇和有利条件，最大限度地获取权力、优势地位，调动可供使用的资源，进而获得其希望得到的利益。

行动者在组织中还会面临许多不确定性。不确定性通常源于偶然性和随机性因素，"一个组织所宣称的并且被环境所确认的领域决定了组织依赖性存在的地方，在这些地方组织面临着约束和偶然事件"（汤普森，2007：46）。因此，对不确定性领域的预测和管理就显得尤为重要。在组织发展过程中，存在两种不确定性领域：一种是所谓"客观上的"不确定性领域，即围绕诸种技术的不确定性而建构的领域、围绕市场的不确定性而建构的领域、围绕诸多现实制约因素的不确定性而建构的领域；另一种是"人为的"不确定性领域，诸如围绕权威力量的分布而建构的不确定性领域、围绕合法性的限制力量而建构的不确定性领域等。这种"人为的"不确定性领域的建构，是组织中的成员之间进行互动、从事有组织的集体活动的前提条件之一，它使人们之间的讨价还价得以达成，并为行动者保留自己的自由余地提供了可能。

资源分布是行动者之间互动形态的重要表征。由于不同的行动者在组织之中所拥有或能够动用的资源分布并不均衡，在交互作用中，权力的实施从资源分布的不平衡中获得支持，因而形成了互动与协商过程中处于优势与劣势的双方。尤其是关键资源的分布和流动，决定着权力关系的形态和演进。一开始处于劣势的人假如足够聪明，能够把握住组织环境提供的机遇，想方设法扩大自己的不确定性领域，缩小他人的不确定性领域，就完全有可能占据优势地位，获得较大的权力，在相互协商的过程中争取到更多的利益空间。

三　我国公共服务型社会组织的制度特征

1. 国家对公共服务型社会组织的认同度较高

许多学者在研究中发现，在中国社会组织总体制度环境严格的情况下，公共服务型社会组织的制度环境却呈现一种较宽松的特征。无论是在一些学者提出的"分类控制与行政吸纳社会"（康晓光、韩恒，2005）的管理模式中，还是在一些学者所主张的"限制"模式（王名、孙伟林，2011）中，研究者都发现，制度总会对公共服务型社会组织进行一种在识别基础上的有意区分，因而表现出"差异"和"柔性"的面向。

培育社会组织和创新社会组织管理体制是关乎社会组织发展的两个重要议题。在培育社会组织方面，近年来，中央大力推动"政府购买公共服务"，在转变政府职能的政策预期下，发展出了培育社会组织的一种重要机制——政府向社会组织购买公共服务。1978～2003年，社会组织在公共服务中只是补充性力量，而2003年以来，社会组织成为公共服务的合作力量（张文礼，2013），这在一定程度上体现出中央政府对公共服务型社会组织态度的转变和认同程度的提高。随着政府向社会组织购买公共服务的领域和规模不断扩大，许多公共服务型社会组织的经费主要来源于政府。特别是自2013年《国务院办公厅关于政府向社会力量购买服务的指导意见》发布以来，中央财政投入了大量资金向公共服务型社会组织购买服务。比如，民政部自2010年开始实施中央财政支持社会组织参与社会服务项目至今，共投入10亿元，用来购买社会组织的社会救助服务、社会福利服务、社区服务、专业社工服务等。[①]

---

① 据中华人民共和国民政部官方网站2010～2015年发布的数据测算。

在创新社会组织管理体制方面，目前也有了重大突破。2013 年民政部提出包括公益慈善类和城乡社区服务类在内的四类社会组织可以依法直接向民政部门申请登记，不再由业务主管单位审查和管理。对公共服务型社会组织来说，该规定使其摆脱了"双重管理体制"的诸多束缚，组织生存发展的制度环境得到明显改善。截至 2014 年底，全国共有社会服务机构166.8 万个，比上年增长 6.8%；职工总数 1251.0 万人；固定资产总值为7213.0 亿元，比上年增长 5.9%；增加值为 2503.7 亿元，比上年增长11.2%。[①] 一大批公共服务型社会组织的出现和规模的扩大，使政府的职能转移有了一定的组织基础，公共服务也随之获得了量的积累。截至 2014 年底，全国社会服务事业费支出 4404.1 亿元，比上年增长 3.0%，占国家财政支出比重为 2.9%。中央财政共向各地转移支付社会服务事业费 2150.0亿元，与上年基本持平，占社会服务事业费比重为 47.8%。[②]

2. 培育发展公共服务型社会组织的局部政策创新活跃

地方政府在中央发出的政策信号下，结合本地实际，积极开展社会组织领域的政策创新。在具体实践中面对类型多样的社会组织，地方政府总会有特定的目标设置和选择偏好，而公共服务型社会组织与地方政府在社会建设、社区治理等更为显在的治理任务上契合度最高，再加上这类社会组织的制度环境更为宽松，因此创新的空间更大、风险更低。在治理资源有限的情况下，培育发展此类社会组织对地方政府来说是一种更为经济的做法，因此公共服务型社会组织领域的政策创新应运而生。以 6 届"中国地方政府创新奖"入围项目为例，在和国家与社会协同治理相关的 92 个项目中，20 个项目是关于政府与公共服务型社会组织的互动实践方面的创新，比如河北省石家庄市"少年儿童保护教育中心"项目、浙江宁波市政府购买居家养老服务项目、北京市大兴区参与式社区治理与社会服务项目化管理项目、上海市普陀区社区民间组织管理体制改革项目、广东省深圳市社会工作的民间化专业化项目。[③]

---

① 民政部《2014 年社会服务发展统计公报》。
② 民政部《2014 年社会服务发展统计公报》。
③ 整理自何增科（2013）。

在围绕社会治理开展的"锦标赛"中，地方政府都希望能够拔得头彩，为地方治理绩效加分。这样，政策创新就有了较稳定的动力机制。比如在培育发展公共服务型社会组织的政策创新活跃度高的深圳和上海，政府向社会组织购买公共服务的资金投入占比更大、政策细分程度更高。在政策推动下，一大批公共服务型社会组织涌现出来，成为地方政府开展社会治理的合作伙伴，也成为政府职能转移、社会力量参与的强有力的证据，标志着城市政治民主和社会文明的进步。更重要的是，政策创新所带来的积极结果反过来又会调动相关部门的积极性，由此可能在某种程度上形成地方政府政策创新的生成机制。上海社会组织的数据显示，公共服务型社会组织占六成左右，远远高于全国40%的比例，这受益于上海市民政局推进直接登记"一步到位"，并探索"负面清单"的管理政策。（张骏，2014）

3. 公共服务型社会组织嵌入社会治理体制的政策安排缺失

发展公共服务型社会组织的事本主义倾向明显。在当前我国社会发育程度不高的情况下，政府通过"社会协同"来优化社会治理，其政策预期至少应该同时包含政府治理效能和社会主体地位的提升（郁建兴、任泽涛，2012）。通过考察当前推动社会协同的政府购买公共服务机制可以发现，公共服务型社会组织数量的快速增长并没有导致社会主体地位的提升。理想的情况是，社会组织在承接政府购买公共服务的过程中，依托服务提供一方面进入基层治理网络，走近居民；另一方面获得与政府的协商权。但是绝大多数公共服务型社会组织仅仅是作为垂直科层体系中公共服务递送的一个环节，公共服务需求自下而上的反映、汇集和倡导功能受到了抑制，因此，并没有从政府和公众那里获得足够的赋权（敬乂嘉，2014）。在政府工具理性和社会价值理性的双重作用下，一些公共服务型社会组织的发展定位模糊，组织的自主性堪忧。

在事本主义倾向下，政府更多地是在进行相应的"技术治理"而非"政治治理"。在前一种方式下，政府与社会组织之间只发生基于"运作性资源"（即财政资金或硬件资源）的互动；在后一种方式下，政府和社会组织的互动则包括制度化、权力等要素。在公共服务绩效评估中，各地政府纷纷建立指标体系，意图通过数据的精细化来增强公共服务的科学性及购买行为的合法性，展示政府社会治理的水平。各地的考核指标都在强调公共服务的有效性，而对社会组织能否从中得到成长的关注明显不够。

四　单向协同：当前我国公共服务型社会组织参与社会治理的模式

1. 社会组织对发展的不确定性使社会组织形成对政府的依附

在项目制背景下，公共服务的发包方由各级政府部门组成，这些部门在设定项目的时候，多从政府治理的角度出发，对公共服务型社会组织主体地位的培育意识缺失。其中，官办的公共服务型社会组织已经把承接服务作为组织的唯一工作，非常乐意接受政府部门"下发"的各种任务，形成一种稳固的依附性的形式性购买关系。有些组织在去年承接养老服务，今年承接青少年服务。有些组织负责人谈及于此的时候洋洋得意，认为组织的能力在增强、对社会治理的重要性在提高。从深层次分析，这恰恰是公共服务型社会组织的"短板"：无所不能同时也意味着不专业，包罗万象的同时也意味着核心竞争力的缺失，这会造成社会组织在公共服务领域不具备制衡的能力。官办公共服务型社会组织在获得相对高的合法性和稳定性的情况下，全部依靠政府财政支持，依靠其业务联系部门的"给予"，汲取体制外资源的能力非常薄弱。一旦组织"表现"不佳而打破了信任关系，组织就会岌岌可危。

草根公共服务型社会组织的志愿机制与社会治理诸机制的碰撞越来越明显。目前，体制内释放的治理资源越来越多，草根公共服务型社会组织如果不积极主动争取，组织原有的服务领域和服务对象可能会被其他社会组织抢占，而最终在"功能替代"的逻辑中失去生存基础。近年来，越来越多的草根公共服务型社会组织开始热心申报来自政府的项目，参加招标。一些社会组织在汲取政府资源的过程中，发展出诸如多地注册、增强专业化服务能力的"通用性"等策略性行为，成为"找项目"的能手（黄晓春、嵇欣，2014）。公共服务型社会组织在政府治理目标与组织目标之间进行选择和妥协，原有的自由余地可能被侵入，而从实践中获得清晰的发展预期进而减少不确定性还十分困难。

此外，社会组织的监督管理权目前集中在民政部门，而服务发包方则分散在社会建设办公室、环保局、综合治理委员会等部门。这一方面会造成社会组织对公共服务项目认知的偏差，使社会组织的发展预期具有高度的不确定性，另一方面造成各个部门在有关社会组织的事权、责权方面不匹配，民政部门的责任过大。这会对公共服务型社会组织的建构和自身发展产生非常不利的影响，自由余地渐渐被侵蚀。自由余地的产生首先需要行动者熟悉某一组织场域的其他行动者、行动框架和行动后果，然后在充分认知的基础上采取有意识的行动。

2. 公共服务领域的关键资源由行政权力配置

政府与社会组织在公共服务领域互动的目的，主要是整合双方优势资源来提升公共服务绩效。在这一互动关系中，关键资源能否借助横向网络流动、交换或再造，决定着这一互动关系的走向。上文在分析时指出，公共服务型社会组织参与社会治理的资源主要有"运作性资源"和"治理性资源"，通过对经验事实的观察我们发现，这些资源仍然掌握在政府的手中，并没有通过互动网络实现资源的再生产。政府以权威指令来配置资源，行政权力代替了公共权力，支配了公共服务领域的资源配置，也因此损害了国家与社会、政府与公众之间的联系纽带，导致政治和行政权力属性代替了契约属性，也无法形成社会治理中的多方主体责任共担结构（王浦劬，2015）。

在政府购买公共服务的过程中，政府向社会组织提供资金、场地、信息等资源，然后由社会组织具体提供服务。社会组织在基层开展服务时发现，仍然需要基层政府部门的帮助才能使项目落地。这一方面说明行政权力在社会治理中的权威，另一方面也说明公众对公共权力的认知度低。再加上政府在具体操作时常常拖延资金给付、变动政策导向，因此社会组织在这个夹缝中开展公共服务时，能够履行合同规定、独立完成合同目标已经十分艰难，更不要说进行价值倡导了。但社会组织是某个社会群体的组织化载体，在全民共建共享的社会治理格局中，不仅仅有提供服务的责任，更有利益倡导的责任。社会组织的自主性和独立性增强，也就意味着公众的利益表达载体健全，公共服务和社会治理的效能也会因此得到提升。（顾昕、王旭、严洁，2006）

由行政权力配置公共资源，资源就会在政府行政管理有效性和便利性框架下进行配置，而有意或无意地忽视向社会组织赋权、补社会组织"短板"的问题。由此可能出现社会组织治理的"内卷化"逻辑，即公共服务型社会组织参与社会治理和提供公共服务的次数增多，但是参与结果未能导向社会赋权；国家与社会互动频繁，但合作关系仍停留在协同层次而未能导向平等协作。

3. 公共服务领域的行动规则由行政权力制定

政府选择性发展社会组织的能力较强。公共服务购买中存在较大比例的定向购买和委托购买，这些购买的达成主要基于政府对社会组织及其负责人的"甄别"，那些具有较多业务联系的社会组织因为已经取得了政府较多的信任而更容易成为服务承担者。有学者提出这是出现在购买服务中的"差序格局"（刘传铭、乔东平、高克祥，2012），对社会组织和政府来说这都是需要警惕的现象。即使在竞争性购买中，对社会组织的选择性也十分明显。政府部门一般只会支持注册在本地的社会组织，跨行政区投标成功的现象较少，成功率也较低。因为在考核地方政府社会治理绩效时，指标指向注册在本地的社会组织的培育发展。

公共服务型社会组织难以进入规则制定过程。从 1998 年开始沿用至今的《社会团体登记管理条例》、《基金会管理条例》和《民办非企业单位登记管理暂行条例》目前还在修订中，当前的法律制约社会组织发展集中体现为地域限制性、服务领域的非竞争性，这样，同一地域某个服务领域的社会组织只有一个，社会组织之间难以展开竞争。在某个区域注册的社会组织不能够在其他区域开展活动，限制了组织规模和社会影响力的扩大，使组织跨越行政边界的公共服务能力无法集聚。在这样的制约下，许多社会组织只能通过变通行为来谋求发展，没有制度化的途径来表达政策诉求。在某些场合即使有表达机会，但由于社会组织尚未进入社会治理的决策制定过程，对政策的影响微乎其微。但是一些其他的社会组织的情况就不同了。比如行业协会商会类社会组织，该类组织的资源集聚能力较强，在与政府和市场的协商中拥有较多的话语权，而政府针对此类组织也制定了更优的行动规则。从地方政府的实践层面来看，虽然不同的地方政府部门根据治理任务的不同，对公共服务型社会组织进行了差别化的定位，有的将其视为部门服务的延伸，有的将其视为重要的工作平台或抓手，但都体现了政治机制凌驾于社会志愿机制、社会志愿机制未与政治机制相互增强的情况。

五　进一步的讨论

社会组织是社会治理横向协作机制中重要的组织载体，其能否获得参与社会治理的前提条件，已经不是一个简单的组织形态的发展问题，而是关乎社会治理体制健全的重大议题。通过聚焦"政社合作"在中观层面的情况，本文分析了公共服务型社会组织参与社会治理的制度特征及其参与社会治理的单向协同模式。

对单向协同模式的考察集中在公共服务领域政府与社会组织自由余地、关键资源的配置和行动规则的制定上。在单向协同模式中，公共服务型社会组织在较密集的政策制定和制度创新下，仍然没有获得预设中的"主体"地位，数量的增加和规模的扩大并没有使其在社会治理中获得与政府、市场同等的地位和认知评价，并没有通过互动获得一定的关键资源，并没有在互动中参与规则制定的权力，从而无法获得与政府和市场共同承担社会治理责任的相关权力。同时，当社会治理体制在根本上仍然呈现以单一行政命令为特征时，社会组织只是单纯作为"服务传递者"而难以成为服务主体的状况会继续增强，而政府自上而下的科层制体系却越来越强大，甚至从中发展出一种精细的自我强化能力，导致向社会组织的赋权面临更多的挑战。

社会协同最终走向平等合作。平等合作建立在行动者之间相互尊重、相互协作基础之上。在新的时代背景下，仍需围绕使社会组织成为社会治理"主体"进行系统的制度建设，在深层次的实践上进行推动。在认知上，尊重社会组织的主体地位；在关键资源上，注重"治理性资源"向社会组织的转移，使社会组织通过承接公共服务能够承担一定的社会治理责任，培育与政府、居民之间的社会资本，诸如信任、互惠等；在行动规则上，探索社会组织进入政府决策过程的路径，逐步打通横向机制与纵向机制之间的协商合作渠道，形成国家行政能力有效、社会组织富有活力、社会自我调节的社会治理图景。

【参考文献】

埃哈尔·费埃德伯格，2005，《权力与规则：组织行动的动力》，张月译，上海人民出版社，
　　第 3 页。

顾昕、王旭、严洁，2006，《公民社会与国家的协同发展——民间组织的自主性、民主
　　性和代表性对其公共服务效能的影响》，《开放时代》第 5 期，第 103 ~ 112 页。

何增科，2013，《国家和社会的协同治理——以地方政府创新为视角》，《经济社会体制
　　比较》第 5 期，第 109 ~ 116 页。

黄晓春、嵇欣，2014，《非协同治理与策略性应对——社会组织自主性研究的一个理论
　　框架》，《社会学研究》第 6 期，第 98 ~ 123 页。

敬乂嘉，2014，《政府与社会组织公共服务合作机制研究——以上海市的实践为例》，
　　《江西社会科学》第 4 期，第 165 ~ 170 页。

康晓光、韩恒，2005，《分类控制：当前中国大陆国家于社会关系研究》，《社会学研究》
　　第 6 期，第 73 ~ 89 页。

克罗齐耶、费埃德伯格，2007，《行动者与系统：集体行动的政治学》，张月等译，上海
　　世纪出版集团、上海人民出版社。

李友梅，2001，《组织社会学及其决策分析》，上海大学出版社，第 138 页。

刘传铭、乔东平、高克祥，2012，《政府与社会组织的互动模式——基于北京市某区的
　　实地调查》，《经济社会体制比较》第 3 期，第 174 ~ 180 页。

王名、孙伟林，2011，《社会组织管理体制：内在逻辑与发展趋势》，《中国行政管理》
　　第 7 期，第 16 ~ 19 页。

王浦劬，2015，《政府向社会力量购买公共服务的改革机理分析》，《北京大学学报》
　　（哲学社会科学版）第 4 期，第 88 ~ 94 页。

郁建兴、任泽涛，2012，《当代中国社会建设中的协同治理——一个分析框架》，《学术
　　月刊》第 8 期，第 23 ~ 31 页。

詹姆斯·汤普森，2007，《行动中的组织——行政理论的社会科学基础》，敬乂嘉译，上
　　海人民出版社，第 46 页。

张骏，2014，《公益慈善类社区服务类社会组织发展势头迅猛》，《解放日报》6 月 4 日。

张文礼，2013，《合作共强：公共服务领域政府与社会组织关系的中国经验》，《中国行
　　政管理》第 6 期，第 7 ~ 11 页。

The Participation Model in Contemporary Public-Service of Social Organization in Social Government

Sun Lili

Social Science School, Shanghai University of Engineering Science

Abstract: Being a part of horizontal cooperation mechanism, social organizations could obtain the indispensable prerequisite, then gets the path to exert positive functions in social governing system. In China, whether we could achieve this goal, this is not only a topic on nurturing social organizations, but also an issue of bettering social governing system. Public-Service Social Organization is the one kind of social organizations development that has closer link with social governing system. Therefore analyzing their participation approach is a good point to understand the relationship between the state and the society. Based on field research, the author points out the characteristics of institutions and draws a conclusion that the modle of Public-Service Social Organizations' participation in social governing in contemporary China is an unilateral coordination approach, which was caused by high identity, many policy-innovation, and gap with social governing system.

Keywords: public-service social organizations; social governing; participation; modle

书　评

BOOK REVIEW

责任、风险与能力：民营化框架的扩展

——评《民营化与 PPP 模式——推动政府和社会资本合作》

武　静*

2002 年，由周志忍等翻译、中国人民大学出版社出版的《民营化与公私部门的伙伴关系》在中国风靡一时，其作者美国纽约城市大学公共事务学院教授、民营化研究中心主任萨瓦斯被人熟知。该书出版后，"民营化"逐渐成为中国学术界研究与关注的热点。据统计，1990～2002 年间，研究"民营化"的文献合计约 406 篇，2003 年一年的同主题文献有 209 篇，此后，对"民营化"的研究热度一直不减。①

2015 年，萨瓦斯著、周志忍等翻译的《民营化与 PPP 模式——推动政府和社会资本合作》由中国人民大学出版社出版。该书对民营化的背景、理论基础和实践进行了全景式的描述与分析，延续了《民营化与公私部门的伙伴关系》的体例但对其内容进行了拓展。20 世纪 90 年代大规模的民营化已经结束，"后民营化时代"到来，政府对待市场的态度更加理性和务实，对民营化负面影响的反思愈发深入（杨安华，2014）。在此背景下，对经典的回归对于反思中国民营化的发展、展望未来具有重要的指导意义。

一　概要内容与研究简评

该书开宗明义地指出民营化就是"更多依靠民间机构、更少依赖政府

---

　*　武静，上海交通大学国际与公共事务学院博士研究生，E-Mail：sun_wujing2011@163.com。
　①　数据来源：通过在中国知网搜索"篇名＝民营化"得到，2015 年 10 月 26 日。

来满足公众的需求"（萨瓦斯，2015：1）。围绕此论点，该书分为三个部分，共十二章内容，从民营化的背景基础、民营化的理论基础、民营化的实践三个方面对全球范围内的民营化发展进行了全景式描述与分析。第一部分是"民营化的背景"（第一、第二章），作者从民营化的推动力量，政府扩张的表现、原因及其后果对民营化的背景做了介绍；第二部分是"民营化的理论基础"（第三、第四章），作者从服务和物品的分类、服务的提供或安排与服务生产的区分两个方面论述了民营化的理论基础，但又不仅仅限于理论探讨，通过一系列案例与数据的引入，增强了理论的解释力；第三部分是"民营化的实践"（第五章至第十二章），这部分内容丰富，包括民营化的原因、形式和效果，不同类别和领域的民营化实践，最后，作者分析了民营化的阻力及未来发展方向。书中所引用的数据可追溯至 20 世纪 40 年代，涵盖了对美国、加拿大、英国、澳大利亚、日本、乌克兰等十几个国家的调查研究材料，反映了作者对民营化实践与研究的持续关注和广阔的全球视野。

（一）民营化的背景

民营化的推行有着深刻的社会历史背景。20 世纪 70 年代以来，由于官僚机构的膨胀和行政资源的垄断，传统官僚制行政模式的低效率凸显；福利国家政策又使得西方国家从 70 年代末开始陷入了严重的财政危机，经济发展停滞，通货膨胀居高不下，引起社会公众的强烈不满。在此背景下，新公共管理理论应运而生，并在西方国家掀起了行政改革的浪潮。其核心内容就是反思在市场经济条件下，政府的角色定位和政府的治道变革，市场化导向的改革成为"重塑政府"的基本思路。

1969 年，纽约市一场罕见的暴风雪暴露出的政府应急治理质量和效率的低下，使萨瓦斯开始了民营化的试验，并最终成为审慎推行民营化的积极倡导者。在该书第一章，萨瓦斯详述了民营化的推动力量。他认为民营化的推动力量包括现实压力、经济推动力、意识形态动力、商业动力和平民主义。其中，现实压力来自对更好的政府的追求，旨在提升政府效率并改善公共服务质量；经济推动力旨在减少对政府的依赖，使公众能够通过市场化的方式获得公共服务；意识形态动力源自对更小政府的追求，通过限制政府的规模和权力，保证自由、正义和效率的平衡；商业动力追求更多的商业机会，将更多的私营部门引入国有企业和国有资产中，以使国有资产得到更好的利用；平民主义的目标是更好的社会，使公众享有更多的公共服务选择权，并有权界定和应对共同的需求。

上述五种民营化的推动力量都针对一个共同的目标——规模庞大且不断增长的政府。作者在该书第二章审视了政府扩张的表现、原因及其后果。从衡量政府规模的三个不同维度——政府单位的数量、政府支出、政府雇员数量——来看，政府的确在扩张——虽然政府数量只是缓慢增长，但其开支与雇员数量的增长极为迅速。哪些因素推动了政府规模的扩大呢？作者认为，现有的和未来的受益者对政府服务日益增长的需求是政府规模扩大的"拉动"力量；服务提供者日益增长的服务供给则成为政府规模扩大的"推动"力量；效率的降低，意味着同样的服务需要更多的雇员和更多的开支。由此，服务受益者及其边缘群体、服务提供者、政府行政管理者与政治活动家共同创建了"花钱联盟"，推动了政府规模的扩大，而低效率推波助澜的作用，更使政府陷入无法控制的规模扩大的怪圈。政府的过度扩张不仅会抑制经济的增长，而且许多政府活动被证明是无效的。这就要求我们重新审视政府的角色（即发挥促进者和管理者的作用），更多地依靠公民、社区和市场。民营化就是达成上述目标的有效手段。

上述五种推动力量及政府扩张的客观存在成为"为什么民营化"的强有力的解释，之后，作者转向了对"什么是民营化"的解答。

（二）民营化的理论基础

1. 物品和服务的分类

围绕物品和服务分类的研究由来已久且成果丰富。萨缪尔森根据排他性与竞争性标准将物品分为私人消费物品、集体消费物品、公共消费物品、纯私人物品与纯公共物品，并认为公共物品具有显著的非排他性与非竞争性；布坎南根据可分性标准，将物品分为不可分物品、部分可分物品与完全可分物品；奥斯特罗姆则以排他性和共同使用为标准，将物品分为私益物品、收费物品、公共池塘资源与公益物品（沈满洪、谢慧明，2009）。萨瓦斯认为，对物品和服务的恰当分类，是确定政府与社会组织在物品和服务提供中所扮演角色的基点。这正是公共物品和服务能够进行民营化的重要依据。

在该书第三章中，作者根据排他性与消费性对物品和服务进行了分类。所谓排他性，是指如果物品和服务的潜在使用者没有达到潜在供给者提出的条件，他们就有可能被拒绝使用该物品和服务或者被排除在该物品和服务的使用者之外。所谓消费性，是指一些物品和服务可以被消费者共同与同时使用，其数量和质量并不会因此减少或降低，其他一些物品却只能被个人消费而不是共同消费。根据排他性和消费性的标准，可将物品和服务分为四种理想类型：个人物品、可收费物品、共用资源和集体物品。纯粹共同消费物品（共用资源）是极少的，大部分物品都落在纯粹个人物品和纯粹共同消费物品构成的连续体内，就像落在排他性和非排他性构成的连续体内一样（见图1）。

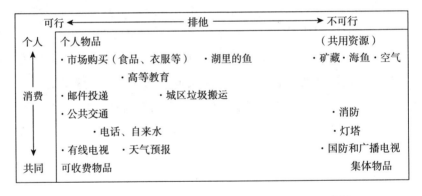

图1 物品和服务排他性与消费性的连续体及物品举例

资料来源：根据《民营化与 PPP 模式——推动政府和社会资本合作》（萨瓦斯，2015）第 47 页的表格改编而得。

从图1可以看出，个人物品和可收费物品主要通过市场提供，集体行动会在市场失败的领域起到补充作用；共用资源的供给不能靠市场，否则会导致资源浪费、污染甚至枯竭，集体行动可有效地保护资源。集体物品的提供颇为复杂。由于集体物品很难度量，其合理供应量和成本亦难确定。个人在集体物品的消费上很难拥有选择权，只能被动接受。另外，由于不可能直接对集体物品的使用进行收费，因而其成本支付必须依靠政治过程决定，市场的作用极其有限。因此，集体物品的供给问题主要依靠自愿行动或法律认可（如税收和义务兵役）来解决。作者指出，政府扩张主要表现为个人物品和可收费物品方面的开支的大幅度增长，究其原因，就是越来越多的个人物品和可收费物品被确定为"福利"并被用作集体物品或共用资源。

2. 服务的提供或安排与服务生产的区分

服务的提供或安排与服务生产之间的区分是民营化的核心，也是界定政府角色的基础。作者在第四章中详述了提供物品和服务的不同机制及制度安排。在公共服务中有三个基本的参与者——消费者、生产者、提供者或安排者。其中，服务的消费者是直接获得或接受服务的主体；服务的生产者直接组织生产或者直接向消费者提供服务，可以是政府、非营利组织、企业，甚至可以是消费者自己；服务的提供者或安排者通常有三项职能：指派生产者给消费者、指派消费者给生产者、选择服务的生产者。服务的安排者通常是政府，也可以是志愿组织或消费者自己，但都对集体物品的供给承担重要责任。在对服务的提供或安排与服务生产进行区分的基础上，作者给出了服务提供的10种制度安排：政府服务、政府间协议、政府出售、合同承包、补助、凭单制、特许经营、自由市场、志愿服务和自我服务。在这10种制度安排中，政府、私营部门和消费者、志愿消费者团体分别扮演不同的角色，见表1。

表1　服务提供的制度安排

提供者	制度安排	生产者	成本支付者
政府	政府服务	政府	政府
	政府间协议	政府 *	政府
	合同承包	私营部门	政府
	特许经营（排他）	私营部门	消费者
消费者	政府出售	政府	消费者
	凭单制	私营部门	政府和消费者
	自由市场	私营部门	消费者
	自我服务	消费者	N. A.

续表

提供者	制度安排	生产者	成本支付者
政府和消费者	特许经营（非排他）	私营部门	消费者
	补助	私营部门	政府和消费者
志愿消费者团体	志愿服务	志愿消费者团体	N. A.
	有合同承包的志愿服务	私营部门	志愿消费者团体

注：政府和政府*是指两个不同层级的政府；N. A. 表示不适用。

资料来源：根据《民营化与 PPP 模式——推动政府和社会资本合作》（萨瓦斯，2015）第 100～101 页的表格改编而得。

由于服务提供的制度安排可以通过多样化、混合等方式进行组合，因此可供选择的服务提供方式多种多样，且每种安排都有自己的优点和缺点，在规划新服务或审视现有服务时应充分认识到这一点，对服务提供方式的选择应基于理性。

（三）民营化的实践

在阐释了"为什么民营化"以及"什么是民营化"之后，作者从动态的角度审视民营化的实践效果，即回答"民营化怎么样"的问题。本书第三部分分为三个方面：第五、第六章分析民营化的原因、形式和效果，第七章至第十章介绍不同类别和领域的民营化实践；第十一、第十二章审视民营化的阻力及未来的发展方向。

1. 民营化的原因、形式和效果

在民营化之前，公共物品和服务的供给主要由政府垄断，由于缺乏竞争，政府部门缺少成本意识以及改善质量的动力，从而带来一系列问题：无效率，质量低劣，亏损和债务，缺乏管理技能和权威，缺乏回应性，设备维护质量低下、资本投入不足，过度的垂直一体化，产品过时和营销能力缺乏，目标多样化且相互冲突，机构使命之间缺乏相关性甚至造成误导，资产未得到充分使用或使用效益不佳，存在违法经营行为、盗窃和腐败。解决这些问题的重要途径就是打破政府在公共物品和服务供给中的垄断地位，将市场竞争与社会机制引入公共物品和服务供给中，民营化被证明是一条有效的路径。民营化的首要目标是将竞争和市场力量引入公共服务、

国企运营和公共资产使用过程中。竞争是民营化的关键。在公共服务中引入竞争要有意识地采取一些战略措施，创造自由选择机会，完善竞争环境，在公众中培育接受和支持多样化选择的态度；把公共服务的政策制定与服务生产和供应过程分离开来，给消费者更多的选择权；竞争可以采取同一制度安排下鼓励不同生产者竞争的形式，也可以通过不同的制度安排来培育。

民营化可以通过不同的技术和形式来实现，对民营化形式的分类是该书的重要贡献之一，即使在现在也有重要的指导意义。萨瓦斯将民营化的形式分为三大类——委托授权、政府撤资和政府淡出，每种形式还有具体的方式，见表2。

表2 民营化的形式

类别	具体方式
委托授权	合同承包、特许经营、补助、凭单制、法令委托
政府撤资	出售、无偿赠予、清算
政府淡出	民间补缺、撤出（卸载）、放松规制

资料来源：根据《民营化与PPP模式——推动政府和社会资本合作》（萨瓦斯，2015）第122～130页的内容整理而得。

民营化的三大类形式共十一种具体方式，在服务、企业和资产的民营化等领域均具有适用性，每种形式都有自己的特征、优点和缺点，共同成为各国民营化浪潮中的政策工具。实践证明，民营化在多国均取得了良好的效果。

在对民营化效果的介绍中，作者展现了他的持续关注与全球视野：通过对美国、加拿大、英国、日本、瑞士等国的公共官员进行调查、前后对比研究及建构跨部门计量经济模型等方法，汇集了对公共服务的合同承包、固体垃圾收集服务的民营化、国有企业撤资的研究成果，最早的研究可追溯至20世纪70年代，时间跨度为20多年。丰富的研究资料证明，民营化在提升服务效率、改善服务质量、降低成本等方面取得了良好的效果。

2. 不同类别和领域的民营化实践

作为一个全球的和全球化的现象，民营化在不同的服务领域进行了丰富的实践，该书第七章至第十章分别介绍了公共服务的合同承包、政府撤资、基础设施领域的公私伙伴关系、教育改革和福利国家的民营化。

公共服务的合同承包应用广泛，但只有在满足实施条件的情况下，合同承包才能得以进行并取得良好的效果。作者在书中提供了可供参考的签约过程，但对政府的合同管理能力提出了挑战。政府撤资是国有企业和资产民营化的主要方法，具体可通过出售、无偿赠予、清算三种方式进行，特定国有企业的撤资策略受多种因素影响，其中最重要的是企业的赢利状况和行业竞争程度。基础设施领域是公私合作的重要领域，虽然潜在收益巨大，但前提是政府和民营部门的角色得到明确的界定与遵守；虽然有多种方式可以实现基础设施领域的公私合作，但其中隐含的风险必须引起重视。面对不断增大的社会压力，教育、社会福利以及社会保障等领域逐渐开始民营化变革，确立选择权和引入竞争是教育领域民营化的主要方向；以替代和授权为特征、以凭单制和合同承包为主要方式的社会福利改革也开始了广泛的实践。

3. 民营化的阻力及未来的发展方向

尽管民营化在全球范围内受到追捧且成效显著，但仍然有很多人基于意识形态或现实的理由来反对民营化，理由包括缺乏资金、对外国公司拥有所有权的恐惧、缺乏管理技能、缺少社会正义、私人垄断、撇脂等。应该看到，这些问题在民营化过程中确实存在，但通过政府加强法制建设、改变法律执行的方式来对之加以监督可以避免上述问题的发生。另外一些不同意见则更多地出于意识形态原因或惯性思维的偏见或误解。然而，很多既得利益者或习惯官僚机制惰性的人出于自身利益的考虑反对民营化，这种自利的考虑是民营化的大敌，是政府在民营化过程中需要加以防范的。因此，要以更加审慎的态度看待和辨别民营化的支持与反对意见。

民营化过程中确实存在诸多不可避免的问题，甚至会造成损失。但民营化作为一种手段，其最终目标是物品和服务供给效率的提高。从这个角度看，民营化会超越党派偏好或意识形态，成为一种务实的并得到广泛应用的治理方式和公共管理模式。

该书关于民营化的实践内容丰富，对多个国家的民营化实践进行了翔实的介绍，数据、案例材料丰富，使读者能够更加直观地审视民营化的过程与效果。书中关于合同承包的签约程序、政府撤资的操作指南、公私合作的类型划分等内容对于民营化的实务操作具有较强的指导意义，而关于民营化的理论基础（物品和服务的分类、服务的提供或安排与服务生产的区分），对初学者而言易于理解，但其研究深度还有待进一步扩展。总体而言，该书是民营化的入门书。

二　反思与超越

自 20 世纪 90 年代开始，我国开始进行以政府购买公共服务为主要制度安排的公共服务供给创新，其核心是将社会力量引入公共服务供给中，打破政府对公共服务供给的垄断，提升服务效率和质量。这与民营化的核心理念是一致的。2015 年，萨瓦斯的这本民营化经典读物的翻译及出版，为我们反思民营化、审视我国政府购买公共服务的成效与存在的问题提供了良好的契机。结合该书及我国政府购买公共服务的实践，笔者认为有以下几个问题值得进一步思考。

1. 政府的公共责任体系

该书的论述重点在于强化市场和社会力量在公共服务供给中的作用，淡化对政府的依赖，主张用市场化的方式满足公众对公共服务的需要。但对在民营化之后政府的公共责任如何保留和履行的讨论不足。詹姆斯·森德奎斯特对"真民营化"和"假民营化"的区分根据就是是否有效履行了政府责任。在真民营化中，被转移的只是透过民间组织的功能体现出来的公共服务绩效，而政府的责任并未被转移；而假民营化的本质表现就是政府对公共服务责任的推诿，具体表现为政府对政策规划与制定、目标设定及监督、服务标准的拟定以及民营化的执行、评估或修正等一系列职能的放弃或转移（Sundquist，1984）。在该书中，民营化反对者对于失去控制、腐败、损害社会正义、私人垄断等的担心不无道理，这些问题很多都源自民营化之后政府的缺位，而对公共服务的实际供给者——供应商——没有强有力的监管措施。如何构建民营化之后政府的公共责任体系？公共责任体系的落实要有哪些保障措施？如何快速、有效地回应公众的公共服务诉求？上述问题应该被纳入民营化的理论体系。

2. 民营化的风险防范

在该书中，萨瓦斯对民营化的研究大多停留在理念倡导阶段，但对于促进观念革新、打破政府垄断地位、引入市场机制具有重要的推动作用。当民营化的热潮散去之时，民营化中蕴含的风险更应该受到关注。20世纪末以来，"逆向民营化"出现的原因之一在于对民营化的估计过于乐观，而对于其存在的风险认识不足。霍奇区分了民营化"信念结构"与"经验知识"之间的差异：民营化的"信念结构"由私营部门的绩效优势、竞争优越性理论、民营化所期望的目标等构成；而民营化的"经验知识"证明民营化有得有失、利弊共存，呈现多样化与复杂性（Hodge，2000）。唐纳德·凯特尔总结了民营化过程中存在的"供给方缺陷"与"需求方缺陷"，其中，"供给方缺陷"表现为现成的竞争市场不一定存在、卖方之间的竞争水平比较低、合同外包会产生特殊的外部性；"需求方缺陷"表现为定义产品的难度、产品信息的匮乏、委托代理的复杂性导致监管失灵、政府独立能力的缺乏导致主权的丧失（凯特尔，2009：25~28）。其对民营化实践中的问题和困境的全面、客观分析有助于我们正视民营化的风险。民营化的风险，一直处在萨瓦斯等民营化早期研究者的视野之外。因此，识别民营化过程中的潜在风险并建立有效的风险防范体系，应该成为民营化理论的重要补充。

3. 民营化中的政府合同管理能力

唐纳德·凯特尔指出，民营化之后，"政府要有能力区分不同市场所表现出的不同问题，还要用不同的方式管理与供应商建立起来的多样化的微妙关系"（凯特尔，2009：16）。这里的能力就是政府的合同管理能力。民营化所改变的不仅是公共服务的供给方式，还对政府传统的官僚体制提出了挑战。近年来，"逆向民营化"的出现就反映了政府在民营化过程中的种种不适：合同说明不详细、合同监督问题等（杨安华，2010）。随着民营化规模的不断扩大，政府面临的一个首要问题就是如何管理数量庞大且繁杂的服务外包合同。萨瓦斯显然也注意到了这一点，他认为"早期的民营化研究主要关注公共服务民营化或合作提供的程度以及对民营化结果的测量与解释；当前民营化研究的关注点已经转移到以下诸多方面：更加精确的绩效测量、采纳民营化安排的决策要素、获得成功的决定性因素、成功的本质、实施过程、采购政策、合同条款、合同管理、激励、问责、与非营利组织签订合同的影响、公私伙伴关系失灵等"（萨瓦斯、敬乂嘉、胡业飞，2013）。无论是民营化还是我国正在进行的政府购买公共服务的实践，政府能否进行有效的合同管理直接影响合同的绩效。因此，政府的合同管理能力应该成为进行民营化的重要前提。

【参考文献】

E. S. 萨瓦斯，2002，《民营化与公私部门的伙伴关系》，周志忍等译，中国人民大学出版社。

E. S. 萨瓦斯，2015，《民营化与 PPP 模式——推动政府和社会资本合作》，周志忍等译，中国人民大学出版社。

萨瓦斯、敬乂嘉、胡业飞，2013，《访纽约城市大学 E. S. 萨瓦斯（E. S. Savas）教授》，《复旦公共行政评论》第 2 期，第 252 ~ 257 页。

沈满洪、谢慧明，2009，《公共物品问题及其解决思路——公共物品理论文献综述》，《浙江大学学报》（人文社会科学版）第 6 期，第 133 ~ 144 页。

唐纳德·凯特尔，2009，《权力共享：公共治理与私人市场》，孙迎春译，北京大学出版社，第 16 页。

杨安华，2010，《逆向合同外包：国外民营化发展的新取向》，《行政论坛》第 6 期，第 95 ~ 98 页。

杨安华，2014，《回购公共服务：后民营化时代公共管理的新议题》，《政治学研究》第 5 期，第 95 ~ 110 页。

Hodge，Graeme A. 2000. *Privatization：An International Review of Performance.* Oxford：Westview Press.

Sundquist，James，1984. Privatization：No Paracea for What Ails Government. In *Public-Private Partnership：New Opportunities for Meeting Social Needs.* Cambridge，Mass. ：Ballinger Publishing Company，pp. 303 – 318.

访谈录

INTERVIEWS

以企业家精神培养社会责任

——访广州市分类得环境管理有限公司总经理杨静山

万　方

访谈时间： 2015 年 10 月 11 日 15：00～16：30

访谈地点： 广州市西增路西村街道办垃圾分类促进中心

访 谈 人： 万方（广东财经大学公共管理学院副教授）

【人物小传】

　　福建人杨静山来到广州已有 13 个年头。这位早年创业有成的生意人，在广州以垃圾"收买佬"的身份投入一种别样的生活。从走楼串巷捡拾垃圾，到拉起一帮下岗工人组成"回收队"，再到以社区为"根据地"，建立垃圾分类循环体系。2004 年，经过仔细斟酌，杨静山认定垃圾分类领域有着尚未挖掘的广阔商机，于是决定背水一搏。为了不留余地，他直接卖掉了福建的工厂。为了真正了解垃圾回收行业，弄清居民生活垃圾究竟有哪些种类，该如何分类处理，他决定从最基层的垃圾"收买佬"开始干起。2008 年，经历了走街串巷捡拾垃圾的磨炼，以及到国外学习考察之后，杨静山正式投身垃圾分类行业，他给新成立的公司取名"分类得"——垃圾分类，人人得益。这是广州最早实行市场化运作的垃圾分类机构之一。2009 年，广州番禺垃圾焚烧发电项目遭到附近居民反对，这起公共事件在媒体上引发持续讨论。而杨静山的垃圾分类尝试，此时成为媒体挖掘的一个典型案例，并由此进入公众的视野，垃圾分类的概念，开始被更多的人所接受和认可。

万方：我了解到您跟乔布斯一样，从大学肄业就开始投身商界，后来选择进入垃圾分类的领域，也依赖于您的企业家精神，发现了其中的商机。能否简要介绍一下您的公司和公司的发展？

杨静山：我在大学读书时，思考过和谐是什么，当时我认为和谐就是对自然关系的遵守与认可。同时，我见到中国垃圾回收的领域，政府光喊要环保，NGO 光宣传要分类，但居民并不买账，三者的关系处于松散的状态，我就想到要建立一个模式把这三者整合在一起，让它们遵守一个有利于环境的和谐关系。这就是我创办公司的初衷。

万方：其实垃圾分类是一个极具公益性的领域，而公司的本质是追求利润，您觉得公司的发展愿景是什么？

杨静山：做好事但饿肚子并不是我所追求的。作为个人来讲，从事公益若不能有回报是不可持续的。我被评为央视"社区英雄"时也提到过，这叫做"赠人玫瑰，手有余香"。在公司成立之初，如何生存下来才是最重要的。另外，不同于一般 NGO 依赖于政府项目发包生存，在垃圾分类这个领域，我们从事的业务是长期存在的，而不是随着项目的终结而终结，所以我们与政府的关系是一种长期的服务与购买的关系，政府可以被看作我们的顾客。在这个基础上，我们提供的垃圾分类服务，对于政府来说是一种商品，我们是出售这种商品的公司，是追求利润的，只不过这种商品的出售依赖于我们建立更加和谐的社会责任环境。

万方：那么，您觉得做垃圾分类这门生意，关键主体是谁？是民众，还是政府？

杨静山：在我们国家，垃圾产生的主体是民众，垃圾责任方则是政府，在这里，一开始，双方其实对垃圾分类都没有需求的。首先，作为民众来说没有这种习惯，也不会主动进行分类；其次，政府更多地强调保洁而不是分类，也就是说，注重后端的垃圾填埋。在这种背景下，可以说垃圾越多，政府权力就越大，因而也不会对垃圾前段有关注。

万方：我阅读过相关文献，提到垃圾清运部门（如城管委），它的部门预算与清运规模相关联，是不是可被理解为"垃圾越多，权力越大"？

杨静山：差不多。但是在后来，垃圾规模大到一定程度，垃圾填埋处理已经跟不上的时候，就会有很多政治压力出现，比如建立垃圾填埋场、焚烧厂，周围的居民会反对，NGO 会介入，媒体会报道，这样当地部门就会有压力，于是，也会愿意与我们合作。

万方：一开始是你们主动找政府有关部门合作的，还是相反？

杨静山：我不是抱着与政府合作的目的做这个事情，而是把这个垃圾分类做好，政府部门自然就会愿意与你合作。比如，我们与街道办之间的合作就是双方都满意的关系。

万方：那么，对有些部门来说（比如城管委），他们对你们的态度怎样？会不会因为垃圾分类降低清运规模而给你们额外的困扰？

杨静山：实际上，一开始就是一种不支持也不反对的态度。他们不好直接反对，但也不会给你官方的认可。但是在这种情况下，垃圾分类成了一个可做可不做的事情。对大多数街道来说，可做可不做的事情又倾向于不做，因此这种态度可以说是一种间接的负面压力。当然，随着垃圾处理跟不上垃圾产生的时候，城管委的态度也发生了变化，变得愿意拨款支持这个事情了。比如，它把垃圾处理的职能下放到街道，而街道没有足够的人手来做这个事情，于是又出钱交给我们，这样就形成了一种新的平衡。而街道跟我们的关系一直是合意的，因为我们的存在既可以帮助缓解环境压力，还能解决大学生、"5060" 人员的就业问题，所以街道也愿意提供诸如办公场地等方面的便利。

万方：垃圾分类重要的是对居民习惯的培养，公司对此有何良策吗？

杨静山：在广州，从事收垃圾的人被称为"收买佬"，他们一般依赖地缘关系结成的利益团体，我们能与他们结成合作关系，是因为从事垃圾分类能够提高"收买佬"的收入，而"收买佬"的行动是利益驱动的。对"收买佬"来说，提高收入有两个关键点：一是足够多、二是又好卖的垃圾，而对一个成熟的社区来说，垃圾规模基本是稳定的，因此只能从垃圾分类入手，让垃圾的回收价值变高。于是，"收买佬"有足够的动力去动员做这个事情。而"收买佬"长期扎根于一个社区，他是很熟悉这里的居民的，因此动员效果肯定比外来的工作人员好，这对我们公司来说也是一种促进。另外一个关键点就是稳定的地盘，这个地盘是指那种政府认可的垃圾处理空间。一般来说，"收买佬"不是公务员，政府是不会专门划区域供他们工作的。而我们公司与政府部门建立了合作关系，"收买佬"再与我们公司合作，这样他们便有了稳定的工作空间。这样，与"收买佬"建立起合作关系是一种双赢的局面：他们通过社会网络促进垃圾分类宣传，潜移默化地培养居民的习惯；而我们为"收买佬"提供工作空间，促进他们收入的提高。

另一方面，我们公司还会建专项的回收日，比如周六收瓶子、周日收衣服，给予社区居民一个参与垃圾分类的途径。因为我觉得垃圾分类光宣传是不行的，要给予老百姓参与的渠道，而且是容易理解的渠道。比如一开始我们讲的垃圾分类是很简单的，就是干湿分开，这样老百姓就容易理解怎么分，干的一类，湿的一类，慢慢通过分类养成习惯，最后成为责任。

万方：日本垃圾分类做得好，来自民众骨子里的认同与遵守，其中日本地方政府也有些措施，比如垃圾袋实名制、增量收费、针对不遵守分类行为的罚款等，您觉得这些措施能在广州行得通吗？为什么？

杨静山：中国人是很多的，垃圾规模也大，居民垃圾分类的习惯更是尚未形成，日本目前的做法也不是一开始就有的，而是慢慢进行完善。所以这些方法对我们来说还不是时候，不仅运行成本高，可能还会阻碍居民习惯的养成。

万方：未来如果垃圾分类发展良好，若有新的竞争者进入，您怎么看？

杨静山：我们专注的是垃圾分类的前段业务，就是分类与回收，而不是具体回收处理的技术研发，这其中若存在竞争，有两个要点：第一，垃圾分类有一个标准的问题。一个区域执行了一个标准之后，新的标准是很难进入的，所以我们公司站稳脚跟后，实际上就建立了一套标准，这是一种自然垄断的模式，有规模效益的，别的公司若要进来也只能按照我们的模式竞争。第二，既然跟着我们的模式竞争，那么我们自然就会有优势，比如与政府、与社区先发的合作关系。这些社会关系是很难重复、很难复制的。我们做产业分析的时候，也设想过未来的竞争情形，总体来说我们是十分乐观的。

相信、参与、承担、互助，做社区生活的支持型机构

——专访南京雨花翠竹社区互助中心理事长吴楠

王　怡

访谈时间：2015 年 11 月 8 日 17：30～18：30

访谈地点：翠竹园社区中心 3 楼

访 谈 人：王　怡（东南大学公共管理系）

被 访 者：吴　楠（南京雨花翠竹社区互助中心理事长）

录音整理：王　怡

【南京雨花翠竹社区互助中心简介】

南京雨花翠竹社区互助中心（以下简称互助中心）创建于 2013 年，前身是翠竹园互助会，以促进社区居民"相信、参与、承担、互助"为愿景，在社区中开展各项活动，丰富居民生活，挖掘社区领袖，倡导社区结社，增强居民公益意识，提升居民幸福感，从而改变中国社区居民冷漠逃避、缺乏参与的现状。从自发组织到注册民办非企业单位，互助中心始终倡导社区互助模式，努力为居民搭建互助的平台，为社区内部俱乐部提供各方面服务。作为全国社会创新的亮点，互助中心每年接待多批次来自民政部门、社区建设领域的官员、专家学者，并指导南京、镇江、无锡等地的多个社区开展实践。

下午 5：30，第七期社区沙龙结束。吴楠与 30 多名与会者、嘉宾认真交流着今天的收获与思考。会议室内，几名工作人员还

在继续忙碌着。虽恰逢立冬节气，但南京雨花翠竹社区互助中心里热度不减。

每每走近这个小而有力的社会组织——南京雨花翠竹社区互助中心，我都能深深地感受到扎根于社区、服务于社区的公益组织的力量。

王怡：在正式访谈之前，首先，感谢您代表互助中心接受《中国第三部门研究》的采访。《中国第三部门研究》是由上海交通大学第三部门研究中心主办的连续性出版物，自 2011 年起每年出版 2 卷，以解决中国第三部门面临的理论和实践问题为己任，着力打造第三部门研究交流平台。下面我们正式开始今天的访谈。

吴楠：好的。

王怡：首先请您给我们介绍一下互助中心的成立时间、注册性质、组织架构、人员方面的情况。

吴楠：好。我们翠竹社区互助中心成立于 2013 年，前身是翠竹园互助会，成立于 2010 年，目前是民办非企业机构。除了在翠竹园，还在南京的大方市区和无锡的太湖国际社区、镇江市润州区有几个点。人员呢，基本是每个点 6~9 个人不等。

王怡：那现在互助中心注册的是哪个层级？

吴楠：在雨花台区民政局注册，全称南京雨花翠竹社区互助中心。但实际上其他几个点的机构虽然是独立机构，但我们都是一个系统管理的。

王怡：那就是说在各个社区都成立了独立的"民非"？

吴楠：是的，都是独立的民办非企业单位，我们之间是有隶属关系的，但法律上没有。

王怡：那您是法人代表？

吴楠：我是翠竹的法人代表，但不是其他机构的法人代表，也是这边的理事长、其他机构的副理事长。

王怡：哦，好。那您能跟我们谈一谈互助中心几年来取得的成就、进行的创新，尤其是和其他做社区营造的社会组织相比有什么不同吗？

吴楠：我们翠竹社区互助中心是以相信、参与、承担、互助为自己的价值观和准绳，然后在社区里挖掘社区领袖，促进社区结社，开展各种各样的社区活动，增强人们的公益意识，提升整个社区的幸福指数，这也是我们的愿景和己任。在这个基础上，我们能够把社区里的各种需求挖掘出来，然后进行对接。我们希望能够提供解决社区所有问题的综合解决方案。

王怡：到目前为止，互助中心获得了很多荣誉啊。

吴楠：对。2013 年的时候，雨花台区拿我们这个案例得了全国社会创新实践的第二名，去年我们翠竹园社区被评为全国和谐社区。短短几年的时间里，我们通过促进参与和结社，让每个社区都拥有更多的社会组织。一般的话，一年可以催生 20～30 个社会组织，我们认为评价社区活力的一个重要指数就是社区社会组织的活跃程度。

王怡：这些社区社会组织是社区自治组织，不一定是注册的，是吗？

吴楠：备案，我们把它们叫做俱乐部、兴趣小组等。

王怡：我看到《互助会手册》1.0 版本里说，有九大产品，能给我介绍一下吗？

吴楠：九大产品！当时做体系的时候，我们认为可以涵盖老、中、青、少、幼所有的服务，这些只是主导性的产品，延伸可以有很多，但我们认为基本上可以涵盖社区服务的方方面面。比如说我们的社区体育健身俱乐部、网球、足球、羽毛球等，体育最容易激发社区活力、最容易上手。在儿童方面，我们有无敌少儿团这样的家庭互助教育模式，还有小小建筑师，用设计来改变生活、改变社区。我们的社区沙龙，挖掘社区里的各种资源，分享他们的故事、经历还有知识，这实际上是文化的提升。还有社区学院，包括老年大学、儿童大学、成人大学，其实就是把社区里所有的全生命周期教育编排到一起去，提供这种可能性嘛。还有明志童书屋/社区图书馆，这个项目我们做成单一的，是因为希望项目本身能为社区文化提升做点事，而且现在是居民自主管理、互帮互助的组织。彩虹屋（公益商店）实际上是将跳蚤市场共同做成一个线上－线下平台。

王怡：公益商店是线上的？

吴楠：公益商店这边实际上是没有实现的，因为我们没有场地。但我们有跳蚤市场，线上和线下的版本，社区闲置物资的交流这一块。在大方社区就有一个实体的彩虹屋。

王怡：类似于慈善超市？

吴楠：对，类似。但更希望做一个直接提供服务和慈善超市相结合的，把它们和社区资源结合在一起，跳蚤市场不仅是买卖东西，还买卖资源，资源对接。

王怡：比如呢？

吴楠：你来我们这边，想要找一个家政的人，问我们有没有，我们就会让你去找家政俱乐部。诸如此类，社区服务资源就对接了。

王怡：还有居家养老？

吴楠：对，这是一个比较大的体系，照片上也显示出来了，我们从原本12个老人俱乐部发展成现在快20个老人俱乐部。老人有什么需求，就成立一个俱乐部，让老人的文化生活得到充实。之后会做居家养老中心，助餐啊、关爱啊、日间服务啊做起来。高芒是社区帮扶社区，一个大的社区对一个小的社区，资源的对接、文化的对接、人的对接，是双向帮扶，我们的孩子到那边去也能体验到不同的生活，他们的孩子也能和我们融洽地生活。我们希望通过这种方式增加社会公平的可能性，慢慢也引导他们发生一些改变。这也是和东南大学支教协会共同做的，因为我们是协同性组织，一个组织做不完这么多事，而应该是倡导，不是把事情都做完。

王怡：对，不是服务型机构。

吴楠：对，倡导型而不是服务型。我们认为社区营造主要是整体营造。在中国这个环境下，服务是治标不治本的。因为首先我们要让人们从意识上认识到我要把我的社区变得更好、更美丽，而不是头痛医头、脚痛医脚，老人来了忙老人，小孩来了忙小孩。人家说你们互助会我们学不会啊！我说实际上很简单，我们互助中心背后就两点：参与和志愿者精神。不断灌输下去，人越来越多，当大家都有志愿者精神和参与意识之后，他就会热爱自己的社区。在这种情况下，很多服务都能互助，并不一定需要你来做。

王怡：利用社区本来的资源来做？

吴楠：对。

王怡：提到志愿者和参与精神，那能给我们简单介绍一下翠竹园社区里的情况吗？

吴楠：我们有一个理论数据3%和15%，3%的核心者，15%的追随者。

2013 年我们统计的时候，已经达到了，但现在没有产生明显的增量，估计也就这样。

王怡：为什么没有产生明显的增量呢？

吴楠：我认为这个社会也许就应该是这样，二八原则嘛。你就算做得再好，也不一定能把所有人吸引过来，也许就是这么多人有需求。但我们还是希望，接下来做的事有更多人来。今年我对照着看了一下，这次我们新的微信群，有三分之一的人我不认识，说明不同的宣传途径，可能有新的人加入。之后我们要做居家养老的普查，用最传统的方式，有可能还能增加。我们的理想数字是 1000 家，30%～40% 的居民作为参与者，5% 的核心者，就够了。因为我们有四个性质：第一个就是自发性。是你要做，我们才去做。这就带来了一个问题，我们扩张的速度不够快。人家得首先知道我们，然后才来找我们。第二个是内生性。我们到每个地方去，都要培养当地的社区领袖。我们要求是 2～3 年，在帮他们组织建立起来之后，我们就退出或者指导，让他们自己来。第三个是支持性。第四个是枢纽性。必须要有资源，协同很多资源来做社区。一般枢纽性组织是居委会，有可能会是物业或者业委会，其实社会组织是处于最弱势的地位，最不容易拿到资源。所以，人是最大的资源，只有把人抓来了，才有可能拥有其他资源。所以我们建立了一个四方平台体系，四方联动，汇聚资源。

王怡：居委会、业委会、物业、互助中心？

吴楠：是社区社会组织，互助中心是社区社会组织的代表。

王怡：那互助会下面还有许多俱乐部？

吴楠：我们不叫下面，是我们支持的，就像树枝和树干那样。

王怡：那这个社区里互助会支持的俱乐部有多少个呢？

吴楠：40 多个。

王怡：那剩下的跟中心接触不多？

吴楠：自己来做的也有，上次摸底 80 个左右的社会组织，其中二三十个是"僵尸"组织。我们自己孵化出来的社会组织也有僵尸组织。

王怡：这是为什么呢？

吴楠：它们没消息了。这很正常，就像生命一样，不可能每个人都长生不老吧！有些社会组织还有使命终结，或者凤凰涅槃化成其他组织，有的是负责人放弃不做了。

王怡：那再问问您，互助中心的资源哪里来呢？

吴楠：社区的资源嘛，场地、硬件，这是资源，附近的商家也是资源，还有远一些的，比如说苏宁、奔驰，人家要做活动来找我们，赞助商是我们的衣食父母嘛，得感谢人家。最后讲人，我们把人拢在一起，当他们觉得组织是能够被信任的、良好的，他们才会支持。

王怡：那之前我们聊过，街道还是居委会拨钱？

吴楠：居委会的钱就是街道的钱，居委会没有财权，钱都在街道那里。但居委会有裁量权啊，它建议给多少钱就给多少钱。每年有四分之一到三分之一的钱来自街道。

王怡：四方平台其实就代表社区生态、社区治理的大环境？

吴楠：我认为在中国，只能用这种生态来做。在中国社区，存在两个问题：组织不对等和信息不对等。组织不对等这样的问题在国外社区不存在，因为没有居委会这样的组织，也没有互助会，不需要互助会，各种俱乐部是有的，物业都是市场化的，超市的供应商、家政的保姆。但在中国不一样，居委会啊、物业啊是有这样的权力的，反而业委会比较弱势。我们认为，在这种情况下，社会组织发挥自己的作用是十分必要的，作为一个润滑剂来调节各方。组织对等，信息也得对等。组织对等，信息不对等也没用，你看，在号称立体化传播的今天，还有人在说，我在社区住了四五年，今天才知道互助会是什么。

王怡：我觉得宣传做得还是比较到位的，那为什么还会出现这样的情况？

吴楠：信息对等本来就是很难的，我们没太多精力和人员做这件事。之后有可能要引起重视，采取全职人员和固定志愿者的方法来做。

王怡：这是一种很有效的内部治理模式。

吴楠：成本会低很多。互助中心2.0模式可能会研发各种模式：如果是政府采购，就主要用全职；如果是社会组织做，固定志愿者加全职，我们在无锡就是这样做的，但有一个问题，流动性大，干一段时间不想干很正常。我们认为社区营造不是一个名词，而是一个动词，要不断地做下去而且永无停止。

王怡：是的，那能给我们介绍一下中心与四方平台中其他三方的关系吗？作为理事长，或者说最了解这个社区的人，您能评价一下其他几方吗？

吴楠：作为一个社区的社会组织，必须仰仗这几方一起做事，就像一个足球队，自家的守门员不守门了怎么办？必须协同。我认为我们社区的居委会做得不错，是政府资源的提供者，物业提供场地等方面的支持，业委会要给一些业主资源的准入，各司其职。目前为止，四方平台会议每个月一次，已经开了一两年了，就本社区里发生的事情都是一起来，有时候还抢着做。

王怡：那挺好的，看来各方关系还是比较和谐的。

吴楠：和谐是在不断的协商中实现的，争取和帮助，有时他们做不好的，我们可以嘛。一团和气也不行，业主可能跟我们说物业太差了，我们就去跟物业反映。我们作为润滑剂和传话筒，就可以把一些矛盾弱化掉。

王怡：您可以谈谈南京还有一个大方社区，无锡也有一个，加上翠竹园，这三个社区的案例与政府合作的关系是怎样的呢？

吴楠：目前这个项目基本上是自己贴钱的一个项目，但那两个项目都是由政府采购的项目，全资政府采购的项目，政府对他们进行考核，而我们这边是自己定目标。

王怡：在大方和无锡，这就相当于政府购买公共服务了？

吴楠：对，但是我们自己会对多少年内产生什么样的东西有目标。大方社区现在有三四十个社会组织吧，尤其是无锡太湖国际社区，在场地没有、什么都没有的情况下，在短短的 4 个月内就有 40 个左右的社会组织。这种井喷式的发展实际上让我们看到互助会这种模式实际上有它的先进性。也就是说，每一个社区领袖实际上他背后有很多的支持者。这样的话能够让他们在相互交流中从事社区的公共事务的参与和讨论。

王怡：那您觉得 4 个月井喷 40 个这样的俱乐部或者说自治组织，它是不是反映了最近随着中国中产阶层的不断成长和壮大，中国的市民社会也好或者说这些社会组织也好，其实是有巨大的发展潜力的？我觉得这 4 个月井喷 40 个已经是很好的证明了。

吴楠：我们现在在马坪关已经做了七八个兴趣小组了。木雕啊、厨艺啊，还有纪录片，要拍纪录片了，好多个呢。我们认为，就是这种兴趣小组本来就是存在的，只不过你没有把它梳理和激发而已。而组织化是能够让大家共同去决定一件事情的最简单的方法。因为如果这些人都各自为政，他们互相就没有牵制啊。所以我认为我们现在家族式社会的时候，他不会再想到社团的这种模式。而现在社会都是这种社团式的。社区的社会组织的发育和培育对整个社区的发展有很大的作用，不光是活力，还有稳定性，都会起到很大的作用，就是讲的和谐社会嘛。

王怡：那在无锡和大方这种政府采购的过程中，您觉得自负盈亏这种自己制定标准、自己考核自己这样的方式和政府采购最大的差别是什么呢？就是除了形式上的差别，内在的差别尤其是和政府关系的差别是什么呢？

吴楠：我觉得政府要摆正自己的位置是一件很重要的事情，就是社会组织该干什么、政府该干什么。如果是政府采购的时候，政府会给你社会组织提一些其他的要求，或者会出现一些和我们愿景不太相符的要求。一年一百多批次的接待，给我们内部人力造成很大的消耗。

王怡：这种接待也于社区建设无益，而且我之前也跟小麦姐聊过，她说如果真的想来学习这种模式的人，他会很认真地登门拜访，而不是说只是来参观。

吴楠：对啊。我们这种小范围的一对一的交流或者是待很多天了解你到底是干啥的，而不是说你走马观花，这种走马观花只能看个皮毛，还能看个什么呢？就这些东西并不是我们想要的东西，但我们必须还得承担。

王怡：其实不管是不是政府采购您都承担了这个部分，是不得不去做的事情。

吴楠：对的，你在这个社会里你就得去妥协，尤其你是做社会组织的，你不妥协，那这个事情肯定干不成。而且尤其是做社区社会组织的，你本来就是希望别人妥协，你自己不妥协怎么行呢？你不妥协，别人也不妥协，那不是闹翻了嘛？

王怡：是的，市场经济主要的一个思维就是妥协嘛，就是相互的妥协。那想问一下，互助中心，不管南京的还是其他社区的，运行中您觉得碰到的最难的是什么？

吴楠：人。工作人员和志愿者的培育是很难的。到现在，我们的很多员工是服务本位的，人很好。但我们的目标是赋能，让居民来做，但我们的员工总是自己把事情做了，包括志愿者，我是自愿来的，我一定要帮助他，但实际上不是我们把事儿做了，而是我们帮助他们学习怎么把事儿做了。人的观念好难转变。就像上个月和居委会做的"金秋十月"的活动，发现人不够了，我当时就说不会不够的，发动，结果发动之后，来了20多个，比原本要的多，而且有些是新面孔，我实际上蛮欣慰的，不能老是那几个人来。

王怡：说明影响力在扩大啊。

吴楠：但我们员工没意识到啊，自己埋头苦干，我们本来就是应该倡导，不是自己做，小区里这么多事服务不完的。员工实际上也没方法，激励志愿者的时候也发愣。这也是我们之后做《互助中心手册》2.0版本的事，要一条一条明确的，让新进员工明白。无锡那边做得比较好，那边的负责人比较好。逻辑转过来也就好了，就简单了。

王怡：是的，是的，那内部是人，外部呢？

吴楠：钱。现在互助会就是没钱，需要其他组织来支持翠竹园这边。

王怡：造血问题，那就牵涉您想做的社区基金会了。

吴楠：对，筹办做社区基金会。我想做南京社区互助基金会，但不一定拿得下来。因为南京对社区基金会有限制，要求在一定范围内做。我想往两个方向做：一是针对附近区域；另一个是做全国范围内的资助，范围比较大。变通一下。

王怡：如果成了，那造血问题就能解决了。

吴楠：就是募集资金。等盘子大了，可以把其他社区的资金匀一些来养翠竹。也许也不需要，互助中心从翠竹园退出来，大家自己来。今年我们定义成后互助会时代，我们认为倡导的任务做得差不多了，在这里可以转型做服务，和其他机构竞争。如果消亡了，做成美国社区中业委会主导那样也行，或者三方平台也行嘛。

王怡：那就是说翠竹园想转型了，慢慢抽离，其他几个点还是倡导型，这里是个特例？

吴楠：对，除了翠竹园，我们不会做服务型的，都做支持型。也许我们在大方做的社区互助中心，它自己会转型成服务型。但首先要转变人的思维，在这之后做服务。

王怡：那我有个问题：服务可能需要扩大组织、需要人去服务？

吴楠：有可能，也可能我们成为一个链接，我们把其他机构引进来合伙做，你去做服务，我去做服务商的服务商。简单的服务可以自持，或者非营利的项目，没人愿意做，比如说社区沙龙。

王怡：是的，确实是这样。那今天的访谈差不多到这儿就结束了，非常感谢您代表南京雨花翠竹社区互助中心接受采访。祝互助中心越办越好！

吴楠：谢谢！

附录

南京雨花翠竹社区互助中心大事记

时间节点	事件
2009.1	翠竹园网球俱乐部成立（目前是全国最大的社区网球俱乐部）
2010.9	翠竹园互助会（互助中心前身）开始筹备
2010.11	第一次翠竹园跳蚤市场及图书捐助活动，互助会成立
2012.12	受邀参加上海业主委员会年会，介绍社区参与及互助会经验，并在《中国物业管理》上发表文章
2013.3	注册成为民办非企业单位（南京雨花翠竹社区互助中心），并申请孵化
2013.4	民政部某司长前来调研、交流
2014.4	民政部副部长前来调研、交流 作为大陆两个典型的社区代表之一，在海峡两岸社区论坛上发言
2014.10	互助中心进驻南京大方社区
2014.11	成为全国和谐社区建设示范社区
2014.12	启动全国城市社区营造联动
2015.1	启动社区营造蓝皮书撰写工作
2015.6	互助中心进驻无锡太湖国际社区（政府采购）
2015.11	互助会在镇江市建立社会组织孵化中心（政府采购）

域外见闻

INTRODUCTION OF RESEARCH

INSTITUTION OVERSEAS

新西兰社团注册程序

顾明祥[*] 编译

新西兰在 1908 年就立法制定了民间社团的设立管理法案，历经修改，沿用至今。本文系根据新西兰社团注册局网站上的相关内容编译而成，内容涉及新社团的注册成立、社团的终止及恢复、运营社团的注意事项、社团规则的修改和社团财务报表的相关要求。通过这些详细的法规细则，可以窥一斑而知全豹地了解新西兰议会对非营利组织的立法以及政府对民间社团的监管情况。

一 设立新社团

在新西兰成立新的社团并不一定要遵循《社团成立法案（1908）》①，这对有组织的人们为了文化、兴趣、休闲和运动的目的而相聚或对贸易、专业或付费类的团体来说是比较便利的。成立社团意味着组织的财产（租赁设备、资金、奖杯等）在将来属于社团所有而不是社团的成员。社团参与所有合同的签订并承担债务，会员只负责捐助。

如果决定把组织注册为社团，第一步，需要做好以下三件事情：准备一系列规则、选择一个名称和召集成员会议。

---

  * 顾明祥，上海交通大学国际与公共事务学院公共管理专业学位研究生（MPA），新西兰中华青年联合会（NZCYF）发起人和常务理事，E-Mail：gmx1011@hotmail.com。
  ① 新西兰的《社团成立法案（1908）》是为设立非营利性质的社团制定的法案，总共 36 项条款，于 1908 年 9 月 15 日在议会通过，并于 1909 年 1 月 1 日开始实施。

1. 准备一系列规则

如果决定成立社团，首先需要准备一系列规则申明你的社团准备做什么并且内部是如何运作的。《社团成立法案（1908）》标明了每项规则的最低要求。规则可以在此基础上发展并包括其他内容，但是必须清楚和全面。你应该让组织内的 2~3 名成员查阅其他和你的社团宗旨相似或不同的社团的规则。这对于你了解其他社团的运作和什么规则能够有效适用于你的社团是很好的启示。如果你需要支持，请寻求法律建议。

《社团成立法案（1908）》要求每个成立的社团必须制定一系列规则，在规则上写明社团是怎么运作的。经过充分酝酿制定的规则能够确保社团顺利运行。规则必须注重细节、清楚表述和具有确定性。简单起草的规则可能会导致规则解释上的分歧，甚至社团不完全按照规则运行。

《社团成立法案（1908）》规定社团规则中必须包含某些要点，也有为某些特定的社团而增加的额外的条款。其他与《社团成立法案（1908）》和基本法律不完全一致的要点也能包括在社团规则中。可能有用的条款包括会员费、注册办公地、规则备份、社团管理、处理内部争议的流程、财年的规定，这些都是一个广泛的社团规则清单所能采用的。

你可以使用 www. societies. govt. nz 网站上的免费注册搜索去浏览其他社团的规则。成立社团的规则样本仅仅是一个导引。当你制定规则的时候，你应该仔细考虑自己社团的特定需求。如果你的社团拥有大量的会员或巨额的资产或收入，那么在起草规则时，寻求独立的法律咨询也是合适的。

一个已成立的社团可以修改它的规则，但必须遵循社团系列规则中标明的程序。

2. 选择一个名称

你需要为自己的社团选择一个名称，而且这个名称必须合乎规则。你选择的名称不能和其他已成立的社团或实体相同，或名称容易让人误解。如果你坚持选择一个已经被其他法人社团（例如一家公司）使用过的名称，那么只有在那家机构向社团注册局提供了书面同意书后才能使用。

3. 召集成员会议

当你有一个合适的规则草稿时，你可以在你的组织成员中传达并征求意见。然后你需要召集成员会议，讨论成立问题，批准规则，决定第一届主席、秘书长人选，选择候补人选的程序。

当完成第一步后，要进行的第二步包括三个环节：填写并递交申请表、社团注册局怎样审核你的申请以及社团成立后的工作事项。

1. 填写并递交申请表

假如你符合上述要求，15 个发起人要在当时或之后填写申请表。如果某法人实体也是其中的申请者，那么它将被视作 3 个成员。法人实体可以是一家公司或者另一家已成立的社团。申请时，在规则之后要附加一个证明以确认社团是准备注册的。申请表和证明（的格式）可以从网站上获取。最后，要把手续费 102.22 新西兰元、填写好的申请表、规则和证明一起寄给社团注册局。

你需要在申请表中提供以下信息：社团名称、注册办公地址、通信地址、年会召开月份、填写表格者的详情、证明、15 个发起人的姓名和签名。

（1）社团名称。你的社团名称不允许和其他在新西兰运营的社团或法人实体相同或容易引起误解。如果你的社团名称选择不恰当，你的申请表会被退回。

那么该如何确认名称适合使用呢？有以下两条途径：①使用注册网站上的搜索选项去找寻已成立的社团或慈善信托组织；②在公司的注册网站上搜索，使用"公司办公室"（Company Office）的搜索选项，你可以进行更广泛的搜索，能发现可能相似的法人实体、独立实体。不仅仅是已存在的社团或慈善信托组织，同时还包括和你一样正在申请并获得名称认可的社团。

在为社团取一个名称前，你必须确认所选择的名称能够被你的社团所使用。尽管你不需要储备名称（像公司一样），但你应该进行一些查询以确保名称是合适的。你选择的社团名称不能和其他已成立的社团或法人实体的名称一样或者极其相似。如果你选择一个和其他法人实体的名称一样的社团名称（例如，一个公司、社团、慈善信托组织），你必须获得那个法人实体给社团注册局的书面同意书。

另外，社团名称不能包含某些特定词，比如澳新军团 ANZAC、皇家 ROYAL 等，这些是被法律禁止的。

（2）注册办公地址。这必须是真正的实际地址，例如"高街 6 号、惠灵顿"。你不能使用邮箱地址、私人邮箱等作为注册地址。

（3）通信地址。这是社团注册局通常会发送信息的通信地址，比如提醒你该做财务年审的通知。通信地址可以是邮箱地址或实际地址。另外，有可能的话，你还应该提供一个电子邮箱地址（电子邮箱地址不会出现在网站上，只是给社团注册局做联系备案）。

（4）年会召开月份。你需要给出社团通常在哪个月召开年会。

（5）填写表格者的详情。这些详情会让我们就申请中出现的问题联系正确的人。这个人同时也是社团成立后社团注册局发送注册证的人。

（6）证明。证明必须由政府公务员、律师来填写，社团负责人必须同时在提交的规则的第一页签字。证明是确认以下流程：大多数成员已同意成立社团的申请，与申请表一起提交的规则是经过确认后提交注册的。

另外，申请表必须由 15 个发起人共同签名。社团必须由个人或法人实体（例如其他已成立的社团、公司或慈善信托组织）构成。为了递交申请表必须组织 15 个发起人，一个法人实体可被看作三个成员，一个独立个人则被视作一个发起成员。例如，一份申请表可由 15 个独立的个人，或者 5 个法人实体或者上述两者签名。独立成员必须提供他们的姓名和地址。一个公务员或法人实体的董事可以代表他人签名或者使用法人实体的通用印章。每个独立的签名必须被公证，一个公证人可以公证超过一个签名。如果你的发起成员和公证人是同一个人，那么你的申请会被拒绝。

2. 社团注册局怎样审核你的申请

如果一切正常的话，你的社团会被登记为"你的社团名称成立"。社团注册局会给社团的注册者寄一个注册证。

社团成员要参与社团的活动并且为将来的全体会议做表决，不过他们没有行政头衔。

"执行委员会"可以有其他称谓，这取决于社团规则中是如何定义的。

3. 社团成立后的工作事项

在第一次执行委员会会议上需要决定一些事情，比如开设银行账户，而且必须有一个通用印章。你能够从文具店买到通用印章。印章用于社团签署重大合同，作为信守协议的证据。

你还应该去查询税务局（IRD）网站，可能会发现对非营利组织有所得税减免。有些社团可以依据《慈善法案（2005）》① 注册。如果你相信自己的社团适用于这种情况，可以去慈善委员会的网站看更多的信息。

除了成立新社团外，许多成熟的社团也有开设分支机构的需求。一个在许多地区都有会员的社团可能想设立分支社团。《社团成立修正法案（1920）》有设立分支机构的程序。从总体上讲，程序和成立一个新社团一样。

社团可以为设立一个分支机构递交申请表，或者可以为设立可能成为一个集团的多个分支机构递交申请表。在任何情况下必须有至少 15 个人在分支机构中，他们是同意递交成立申请表的大多数。当成立的社团是集团的形式时，必须是每个分支机构的大多数人同意递交申请表。

二 终止和恢复社团

（一）终止社团

许多依据《社团成立法案（1908）》成立的社团都会进入它们不能再以社团方式运营的阶段，这可能是因为：①社团不再活跃，比如会员制的成员减少或社团成立的目的已经达成；②社团不能继续运营，比如遭遇财务危机。

当一家社团的"生命"到达终点时有两种方式可以终止社团：①解散社团。当社团注册局相信这家社团已不再运营时，可以发布通知解散社团。②清算社团。社团可以被成员告上高等法院进行清算。在清算完毕后社团就会被解散。

社团注册局的解散和清算的结果是社团从注册中被除名、作为独立法人实体的命运终结。因为社团已不复存在，它就不能保有财产并且签署合同。这也同样会影响社团由于税务原因去申请慈善身份的能力。

有以下三种情形可能会导致社团解散。

一是没有提交财务报表。如果社团没有向社团注册局提交年度财务报

---

① 《慈善法案（2005）》是为促进社会慈善事业而制定的法案，共有 76 个条款，于 2005 年 4 月 20 日在议会通过，并于当年 7 月 1 日开始实施。

表，它可能会被认定不再运营并开始进入解散程序。

二是社团停止运营。如果社团没有资产或债务，工作人员可以给社团注册局寄送书面建议书告知社团停止运营，并请求从注册中除名。

三是社团遭遇清算。社团成员可以让社团处于清算状态，高等法院（在债权人、社团或成员的申请下）也可以发布命令让社团处于清算状态。

在解散后，如果社团注册局认为该社团仍旧可以运营的话，社团可以申请"取消解散"。注意，这要花204.45新西兰元的费用去申请恢复社团注册。

（二）恢复社团

如果社团注册局认为终止一家社团的公告应该被撤销，社团注册局可以发布新的声明"撤销终止"，然后恢复社团的注册。

通常，这只有在与社团相关的某些成员向社团注册局递交恢复社团的申请的情况下才能发生。一旦收到申请，恢复的过程可能会持续三周。如果社团是在财产清算后被从注册中除名的，它就不能恢复注册。社团注册局声明的功用是社团从终止注册之日开始恢复。这表明，声明一旦被公告，这个社团就能继续像从未被终止那样运营。

如果要恢复一家社团，你需要把以下（材料）寄给社团注册局：①一份要求恢复社团的正式书面申请，包括证据表明该社团仍旧在运营；②任何没有提交的年度财务报表（附加至少最近三年的）；③一份被证实变动的规则。当然，还要包括社团最新的联系方式和204.45新西兰元的恢复费用。

当债权人向社团注册局申请恢复社团时，他们只需要给社团注册局寄一封信，请求恢复社团并解释原因，同时附上204.45新西兰元的费用。一旦声明被公告，《新西兰公报》上就会显示社团恢复了注册。社团注册局的公告两周后才撤下，这是为了把费用降到最低。以下是新西兰社团注册局对社团状态改变的各项收费：

开始成立社团	102.22新西兰元
修改社团规则	免费
更新社团联系方式（网上操作）	免费
财务年审（网上操作）	免费

寻找社团注册局（网上）　　　　免费

申请取消社团　　　　　　　　　免费

向社团注册局申请恢复社团　　　204.45 新西兰元

三　运营一家社团

（一）新社团必须合法地运营

社团一旦成立，就必须依据《社团成立法案（1908）》来合法地运营。像任何人或机构一样，成立后的社团必须遵循新西兰的法律，包括禁止从事犯罪行为、履行交税的义务和遵守政府机构对社团行为的规范。

查找社团的税务责任，可以参考税务局（IRD）的网站。联系内政部去了解任何举办的活动（包括赌博）的信息或者申请社区许可。联系当地的议会寻找关于所举办的活动是否符合当地法规的信息，例如，摆街边摊位。查找关于在社团活动中销售酒水的信息，请联系活动举办地或城市议会的地区许可机构。

（二）新社团必须按照规则来运营

成立社团的一个优点是，社团有一系列的规则来决定该怎么运行。社团可能会遭遇该如何运营或规则该怎么解释或使用的内部问题或争议。这些问题或争议应该由社团自己来解决。如果一个社团想改变它的管理方式或功能，则这些规则可以在任何时间被修改（只要这是在规则中特别声明的）。规则必须包括目的或意图、条款，说明社团成立的原因。社团必须确保它的活动符合它的目的、条款。一个成立的社团的规则可以在网站上免费浏览。

《社团成立法案（1908）》给了社团注册局某些权利去调查所谓的触犯法律，但是不包括违反社团规则的行为。如果你担忧社团的某些行为可能触犯其他新西兰的法律，把你的顾虑加上相关的支持证据提交给相关部门是恰当的。比如，如果有刑事犯罪，你应该联系警方。

（三）社团必须召开会议

社团必须召开会议。所有社团成员都必须被邀请来参加这次会议，这叫做全体会议。一个社团必须每年至少召开一次全体会议，这叫做年度全体会议。是召开委员会还是次级委员会来处理具体的问题，取决于社团的结构。成员聚会参加社团活动的时候可以召开一般性会议。

在年度全体会议上，成员们要批准社团的年度财务报表。年度全体会议通常被叫做年度全体大会。除了批准年度财务报表外，会议还可以选举工作人员（比如秘书）和批准对规则进行必要的修改。社团规则允许一年内可以召开其他的全体会议。例如，特殊的全体会议可能是需要的——如果社团的某些紧急或重要的事项不能等到下次年度全体会议召开。

社团的规则必须解释全体会议的功能，尤其是全体会议的通知怎样下达给成员，怎样讨论全体会议上的事情。例如，关于提案决议的提出或委托人进行选举，成员怎么进行投票。如果规则不再适合，那么它就应该被修改。社团的任何规则修改（除非事先声明）必须通过在社团注册局登记才能生效，在此之前必须遵循已有的规则。

书店里有很多商业出版物会详细介绍怎样举办会议，包括如何做会议记录、做出决议和处理争议问题。

（四）对营利行为的限制

一个成立的社团是非营利组织。《社团成立法案（1908）》指出，社团不允许从事有财物收入的行为（法案中提及的是"金钱收入"）。在这种情况下，财务收入指的是创造利润并给社团的部分或全体成员。

一个社团可以营利（例如，收门票或筹款），或者保持资产用于将来的目的。法案特别列举了几种可以被看作财务收入的情形：①当社团解散时，社团的财产在成员内部进行分配；②社团成立是为了保护或规范成员参与的贸易、行业或类似的行为，社团本身不能参与贸易、行业或做出类似的行为；③如果成员（可以是工作人员）被允许获得收入——不管他们是不是社团成员；④社团成员可以在社团本身的活动中竞争社团的奖杯、奖赏，而不仅仅是金钱奖励。

成立的社团要不时地申请资金去维持运营。有很多机构可以提供资金，但它们都有不同标准。如果你不知道从哪里开始，可以访问社区网站并查询"怎么引导"和"链接导航"去寻找资金信息。

（五）签署合同

成立的社团是独立的法人实体，能够像一个自然人或独立个体那样签署合同。《社团成立法案（1908）》给出了一些社团签署合同的特别要求。

（1）如果社团准备和个人签署相关事务合同，则社团必须有书面合同并且必须盖章后才能生效。比如买地或卖地的合同。

（2）如果合同是那种必须写下来的个人之间的协议，那么社团必须有一个书面合同并且有签字，通常是工作人员以社团的名义表达和签字。

（3）如果合同是那种无须写下来的个人之间的协议，那么社团不需要有书面合同，只需要工作人员以社团的名义表达和签字。

另外，社团签署合同时需要考虑以下情况：合同的意图是被社团的规则或目的授权的吗？规则可能允许社团借钱，但这笔钱的用途是社团的目的所包括的吗？谁是被授权允许代表社团签署合同的人？

（六）保留记录和财务报表

法案要求每个社团保留所有成员的记录。对每个成员应该记录如下：姓名、地址和他们成为成员的日期。社团注册局可以要求社团提供一份被社团的工作人员证实过的成员清单。

除了要保留注册成员的记录外，社团还需要考虑应该保存其他什么样的信息。社团需要保留的记录会受到社团的大小、结构和社团进行的活动的影响。

社团必须提交一系列文件给社团注册局。有些是每年都需要的（例如年度财务报表），有些只有在发生变化时需要（例如社团的地址、工作人员和规则发生了变动）。在社团的年度全体会议后通常要向社团注册局提交以下最新的资料：年度财务报表、工作人员的变动（如果有）、规则的变动（如果有）。

你可以使用注册密码在网上提交年度财务报表，也可以提交纸质文件。所有财务报表可以并且必须有恰当的证明。使用社团注册局的财务报表封面去提交纸质的财务报表，封面包括财务报表需要的恰当的证明。

成立的社团每年必须填写一份年度财务报表（账户上），通常是在年度全体会议后进行。如果社团没有给社团注册局寄年度财务报表，就可能会被认为不再运营，进入社团注册局的解散步骤。一旦社团被社团注册局除名，它就不再是一个独立的法人实体。

（七）更新细节和年审

变动注册的办公地址必须通知社团注册局。为确保社团注册局能随时联系到社团，通知社团注册局社团的联系地址发生了变动是非常重要的。

很多规则规定在年度全体会议上选举工作人员。如果社团的工作人员发生了变动，你可以通知社团注册局，这不是强制性要求。值得注意的是，更新工作人员的信息只能通过网络提交而不能用纸质表格来提交这些信息。

社团规则的变动直到注册后才能生效，否则（变动的规则）不能被用来规范社团的运营。你只能提交纸质的表格给社团注册局，而不能通过网络提交规则变动的信息。

社团名称是在规则中确定的。改变名称的程序和改变其他社团规则的程序是一样的。使用 IS2 表格（修改规则的证明）去登记变动的规则和名称。请确保你标明了 IS2 表格的确认清单上修改规则部分包括了社团名称的修改。一旦新名称的修改规则被登记，一个使用新名称的注册证书会被寄到社团。提交名称变动是不收费的。

四 社团规则的修改

一个注册的社团能够修改它的规则。每过几年检查你的社团规则，确保它们还适合你的社团是必要的。

社团规则的修改必须遵循已经存在并管理社团的一系列规则的程序。任何规则的变动必须依据《社团成立法案（1908）》，通过社团注册局的注册修改才能生效。在修改被登记之前，已有的规则必须被遵守。你可以通过搜索社团的登记去检查规则的修改是否被注册，有没有名称上重复的。

在提交规则修改时使用一个"证明"的注册表格（从网上下载），修改社团规则有以下注意事项：第一，你必须提供一个完整的标明"修改更新后"的规则的样本或者某些特定的修改后的规则的样本；第二，修改的规则样本必须由社团的三个成员签字；第三，修改规则的证明必须由一个公务员或者社团的律师来签字；第四，如果规则的修改包括社团名称的修改，你必须检查名称是否适合你的社团使用。你必须在表格中打钩去确认你的规则修改中包括社团名称的修改。当然，登记修改社团的规则是免费的。

你可以通过以下两种方法向社团注册局提交规则的修改，使用网上的表格或者使用传统方法邮寄修改后的规则。

五 社团财务报表的相关要求

许多成立的社团必须提交经过证实的年度财务报表给社团注册局。年度财务报表需要包含以下信息：社团的全部名称、财务报表准备的财年、社团财年的收入和支出、财务年度终结时的资产和债务、财务年度终止时社团所有的贷款、收费和保险造成的财产变化情况的介绍。

提交一份年度财务报表给社团注册局非常重要，因为它显示了社团仍旧在运作且保持注册状态。任何成立的社团都必须在年度全体会议上批准财务报表后尽快地提交给社团注册局。可用两种方式提交财务报表：网上使用注册密码或使用纸质表格。

社团注册局不需要你的财务报表被审计。社团规则会说明到底是否需要任命审计人员。如果你的社团也在慈善信托机构注册，就不需要提交年度财务报表给社团注册局。所有成立的社团必须在年审时告知社团注册局社团变化的细节。比如，规则的变化、名称和地址，不管它们是否也在慈善信托机构注册。

需要保存文件以确保社团有完整的财务记录：一个有数字联的发票本和复印本、银行的存款本、所有现在的和用过的支票本、所有银行账单、所有发票和付款凭证、发票和付款记录本、现金付款记录本。

所有社团在成立时必须有一个通用印章。社团规则必须写明什么时候应该使用印章并且怎么使用，通常通用印章用于社团法律文件和合同的签署。通用印章通常是包括社团名称和"通用印章"字样的橡胶图章。联系商业文具店了解更多订购印章的信息。

稿约及体例

　　《中国第三部门研究》（*China Third Sector Research*）是由上海交通大学第三部门研究中心主办、上海交通大学第三部门研究中心主任徐家良教授担任主编的专业性学术集刊。每年出版两卷，第一卷（2011 年 6 月）、第二卷（2011 年 11 月）、第三卷（2012 年 6 月）、第四卷（2012 年 12 月）、第五卷（2013 年 8 月）、第六卷（2013 年 12 月）、第七卷（2014 年 6 月）、第八卷（2014 年 12 月）已经由上海交通大学出版社出版，从第九卷（2015 年 6 月）开始由社会科学文献出版社出版。

　　本集刊的研究对象为第三部门，以解决中国第三部门发展的理论和实践问题为己任，着力打造第三部门研究交流平台。本集刊主张学术自由，坚持学术规范，突出原创品格，注重定量和定性的实证研究方法，提倡建设性的学术对话，致力于提升第三部门研究的质量。现诚邀社会各界不吝赐稿，共同推动中国第三部门研究。

　　《中国第三部门研究》设立四个栏目："主题论文"、"书评"、"访谈录"、"域外见闻"。"主题论文"栏目发表原创性的理论和实证研究文章；"书评"栏目发表有关第三部门重要学术专著的评述文章；"访谈录"栏目分为人物访谈和机构访谈，介绍资深学者或实务工作者的人生经历，记录学者或实务工作者体验第三部门研究和实践活动的感悟；"域外见闻"栏目介绍境外第三部门研究机构和研究成果。

　　《中国第三部门研究》采用匿名审稿制度，以质取文，只刊登尚未公开发表的文章。

来稿请注意以下格式要求。

一、来稿必须遵循国际公认的学术规范，项目齐全

来稿内容包括：中英文标题，作者姓名、工作单位和联系方式，中英文摘要及关键词，正文，注释及参考文献，电子信箱，此外，要特别注意数字的用法以及图表格式。

（一）标题不超过20字，必要时加副标题。

（二）作者：多位作者间用空格分隔，在篇首页用脚注注明作者简介，包括工作单位、职称、博士学位授予学校、博士学位专业、研究领域、电子信箱。如果有课题资助和基金项目，请加注。

（三）摘要：文章主要观点和结论，一般不超过300字。

（四）关键词：3~5个，关键词间用分号隔开。

（五）正文：论文10000~25000字，书评、访谈录、域外见闻2000~8000字。

（六）注释采用脚注的方式，序号一律采用"①、②、③……"每页重新编号。引用他人文献采用夹注格式，在引文后加括号注明作者、出版年份，如原文直接引用则必须注明页码，详细文献出处作为参考文献列于文后，以作者、出版年（期刊发表年）、书（或文章）名、出版单位（或期刊名及卷期）、页码排序。文献按作者姓氏的第一个字母依A－Z顺序分中、英文两部分排列，中文文献在前，英文文献在后。

（七）数字：公历纪元、年代、年月日、时间用阿拉伯数字；统计表、统计图或其他示意图等，也用阿拉伯数字连续编号，并注明图、表名称；表号及表题须标注于表的上方，图号及图题须标注于图的下方，如"表1×××"、"图1××××"等；"注"须标注于图、表下方，以句号结尾；"资料来源"须标注于"注"的上方。

二、权利与责任

（一）请勿一稿数投。投稿在1个月之内会收到是否录用的通知，编委会会把建设性意见反馈给作者。

（二）文章一经发表，版权即归本集刊所有。凡涉及国内外版权问题，均遵照《中华人民共和国著作权法》及有关国际法规执行。

（三）本集刊刊登的所有文章，如果要转载、摘发、翻译，请与本集刊联系，并须得到书面许可。

三、关于投稿

《中国第三部门研究》随时接受投稿，来稿请自备副本，概不退稿。一经发表，即送作者当期集刊 2 册。稿件请发至电子邮箱 cts@ sjtu. edu. cn。

四、投稿时间

为保证按时出刊，本集刊上半年投稿截止日期为 4 月 31 日，下半年投稿截止日期为 10 月 30 日。

五、文献征引规范

为保护著作权、版权，投稿文章如有征引他人文献，必须注明出处。本集刊遵循如下文中夹注和参考文献格式规范。

（一）文中夹注格式示例

（周雪光，2005）；（科尔曼，1990：52～58）；（Sugden，1986）；（Barzel，1997：3－6）。

（二）中文参考文献格式示例

曹正汉，2008，《产权的社会建构逻辑——从博弈论的观点评中国社会学家的产权研究》，《社会学研究》第 1 期，第 200～216 页。

朱晓阳，2008，《面向"法律的语言混乱"》，中央民族大学出版社，第 22 页。

詹姆斯·科尔曼，1990，《社会理论的基础》，邓方译，社会科学文献出版社，第 56 页。

阿尔多·贝特鲁奇，2001，《罗马自起源到共和末期的土地法制概览》，载徐国栋主编《罗马法与现代民法》（第 2 卷），中国法制出版社，第 89 页。

（三）英文参考文献格式示例

North，D. and Robert Thomas. 1971. The Rise and Fall of the Manorial System： A Theoretical Model. *The Journal of Economic History*，31（4），777－803.

Coase，R. 1988. *The Firm*，*the Market*，*and the Law*. Chicago：Chicago University Press，p. 105.

Nee，V. and Sijin Su. 1996. Institutions，Social Ties，and Commitment in China's Corporatist Transformation. In McMillan J. and B. Naughton（Eds.），*Re-*

forming Asian Socialism：*The Growth of Market Institutions.* Ann Arbor：The University of Michigan Press，p. 103.

六、《中国第三部门研究》联系地址方式

上海市徐汇区华山路 1954 号

上海交通大学徐汇校区国际与公共事务学院新建楼 2013 室

上海交通大学第三部门研究中心

邮编：200030 电话：021 - 62932258

联系人：吴磊 手机：15902105180

致　谢

　　范明林（上海大学）、韩俊魁（北京师范大学）、何海兵（上海市委党校）、李国武（中央财经大学）、仝志辉（中国人民大学）、潘小娟（中国政法大学）为《中国第三部门研究》第九卷进行匿名评审，对他们辛勤、负责的工作表示衷心的感谢！

图书在版编目（CIP）数据

中国第三部门研究. 第 10 卷 / 徐家良主编. —北京：社会科学
文献出版社，2015.12
ISBN 978 - 7 - 5097 - 8592 - 8

Ⅰ. ①中… Ⅱ. ①徐… Ⅲ. ①社会团体 - 研究 - 中国 Ⅳ. ①C232

中国版本图书馆 CIP 数据核字（2015）第 312844 号

中国第三部门研究 第十卷

主　　编／徐家良

出 版 人／谢寿光
项目统筹／杨桂凤
责任编辑／杨桂凤

出　　版／社会科学文献出版社·社会学编辑部（010）59367159
　　　　　　地址：北京市北三环中路甲 29 号院华龙大厦 邮编：100029
　　　　　　网址：www. ssap. com. cn
发　　行／市场营销中心（010）59367081 59367090
　　　　　　读者服务中心（010）59367028
印　　装／三河市尚艺印装有限公司

规　　格／开 本：787mm × 1092mm 1/16
　　　　　　印 张：9.25 字 数：138 千字
版　　次／2015 年 12 月第 1 版 2015 年 12 月第 1 次印刷
书　　号／ISBN 978 - 7 - 5097 - 8592 - 8
定　　价／49.00 元